编辑委员会

指导单位： 浙江省经济和信息化委员会
合作单位： 浙江省创造学研究会
　　　　　　　浙江省技术创新服务中心

主　　编： 魏　江
统　　筹： 国世荣
编 写 组： 朱国平　朱建忠　朱　凌　应　瑛
　　　　　　　寿柯炎　杨　洋　郑　刚　国世荣
　　　　　　　黄　学　潘秋玥　魏　江
　　　　　　　　　　　　　（按姓氏笔划排序）
设　　计： 金　文

创新二十年

——浙江省企业技术中心发展之路

魏江 主编

ZHEJIANG UNIVERSITY PRESS

浙江大学出版社

图书在版编目（CIP）数据

创新二十年:浙江省企业技术中心发展之路 / 魏江主编.
—杭州:浙江大学出版社，2015.5
　　ISBN 978-7-308-14642-5

　　Ⅰ.①创… Ⅱ.①魏… Ⅲ.①企业管理－技术管理－
组织机构－概况－浙江省 Ⅳ.①F279.275.5

　　中国版本图书馆 CIP 数据核字（2015）第 082339 号

创新二十年

——浙江省企业技术中心发展之路

魏　江　主编

责任编辑	李海燕
封面设计	金　文
出版发行	浙江大学出版社
	（杭州市天目山路 148 号　邮政编码 310007）
	（网址:http://www.zjupress.com）
排　版	杭州中大图文设计有限公司
印　刷	杭州杭新印务有限公司
开　本	710mm×1000mm　1/16
印　张	14
字　数	174 千
版印次	2015 年 5 月第 1 版　2015 年 5 月第 1 次印刷
书　号	ISBN 978-7-308-14642-5
定　价	58.00 元

序：以全面创新驱动浙江经济社会转型升级

　　企业是技术创新的主体，创新是企业发展壮大的主旋律。党的十七大、十八大都明确提出"着力构建以企业为主体、市场为导向、产学研相结合的技术创新体系"。建设企业技术中心关系到企业技术创新能力的提升。原国家经贸委开展对企业技术中心认定评价 20 年来，浙江省高度重视企业技术中心培育和发展工作，始终将它作为实施创新驱动发展战略、完善技术创新体系、提升企业自主创新能力的一项核心和基础性工作，在有关部门、地方的大力支持和企业的共同努力下，由省经（信）贸委牵头联合开展了各级企业技术中心的建设工作，构建起了体系完备、运行顺畅的工作机制，受到广大企业的热烈响应。截至 2013 年底，省级国家认定企业技术中心总数达到 72 家，列全国第四；省级企业技术中心总数达到 783 家。特别值得一提的是，浙江在深化传统工业企业技术中心培育的同时，结合省情不断开拓和探索，技术创新工作的系统性、创新性始终走在全国前列，如浙江 2008 年在全国率先开展建设行业企业技术中心，2013 年又率先将技术中心培育工作拓展到高技术服务业领域。

　　经过 20 年的不懈努力，技术中心作为企业技术创新能力的核心力量，已成为浙江省创新体系建设的重要组成部分，为浙江经济的持续发展提供了有力支撑,同时也探索出了一条推进企业技术创新的有效路子。党的十八大提出实施创新驱动发展战略,十八届三中全会要求进一步深化改革,充分发挥市场在资源配置中的决定性作用,健全技术创新的市场导向机制,发挥大型企业创新骨干作用。浙江省委十三届三次全会做出了"全面实施创新驱动发展战略加快建设创新型省份"的决定。面对新形势和新要求,贯彻落实好创新驱动发展战略,必须深化改革,推动企业技术中心建设工作不断开拓创新;要更好地发挥市场在创新资源配置中的决定性作用,更好地发挥政府作用,围绕产业链部署创新链,围绕创新链完善政策链,进一步加大对企业技术中心的引导和支持,为经济社会发展不断提供新动力。

企业自主创新体系建设是一个包含内部各种创新要素和活动的复杂系统,创新能力的提高是一个复杂的非线性过程,需要通过产品创新及其与工艺创新的组合,自主创新及其与开放创新的组合,技术创新与商业模式创新的组合,技术创新与战略创新、市场创新、组织创新、文化创新和制度创新等等的多种组合,因此,企业创新驱动发展战略的设计和实施,必须超越对技术创新单一维度的思考,着眼于创新的系统化和协同性,通过各创新要素的系统协同,实现"2+2>5"的效应。

浙江大学创新研究团队从20世纪末就提出了全面创新管理的理论,全面创新管理理论认为,企业应以培养核心能力、提高持续竞争力为导向,以价值创造/增加为目标,以各种要素(如技术、组织、市场、战略、管理创新、文化、制度等)的有机组合与协同创新为手段,通过有效的创新管理机制、方法和工具,实现创新的"三全一协同"——全要素创新、全员创新和全时空创新,实现各创新要素在全员参与和全时空域范围内通过全面协同。全要素创新要求企业以思想观念为先导,文化创新为灵魂,技术创新为关键，战略创新为方向，市场创新为目标，组织创新为保障，制度创新为动力，管理创新为基础。全员创新包括全体员工、所有部门参与创新，全流程创新，全供应链、利益相关者创新。全时空创新包括全地域创新、全球创新资源整合，每天 24 小时，每周 7 天创新，全时创新是一种创新策略、一种思想、一种创新观念，是即兴创新、即时创新（包括快速创新）、连续 24/7 创新的有机结合，从时间的长度和空间的宽度上延伸创新。

本书以国家认定的企业技术中心创建和发展历程为主线，以全面创新管理理论为指引，全面系统地反映了浙江省企业技术中心的成就和开拓性工作。我们团队对企业技术中心建设是有深切体会的，自 20 世纪 90 年代初期开始，我们就参与了国家技术创新工程试点企业，如：海尔、宝钢、中兴、杭氧、东方通信等的创新实践，协助企业（海尔等）构建技术创新战略框架和基于全面创新平台的"三结合"技术创新体系。1994 年原国家经贸委提出要创建国家认定企业技术中心建设，我也参与了国家认定企业技术中心建设的有关政策制定，还应国家经贸委党组邀请，为全委干部作"我国技术创新的战略、机制与模式"报告，90 年代以来为经贸委企业干部培训班讲授技术创新管理先进理论、方法与管理工具，为提高我国企业技术创新管理干部水平贡献了一份力量。

时间流逝，自国家经贸委提出建设企业技术中心至今已经 20 年了。20 年来，国家认定企业技术中心建设为我国探索自主创新道路，提升企业自主创新能力做出了重要贡献，浙江省一大批企业以企业技术中心为依托，长期坚持自主创新和全面创新战略，创新能力建设走在了行业前列，涌现出了万向、杭氧、杭汽轮等一批具有国际国内竞争力的优秀企业，我为此而高兴。魏江同志在浙江省经信委的支持下，组织编写组编撰此书，回顾总结技术中心的发展经验，探讨展望新常态下加强企业技术中心建设与发展的新思路新举措,很有价值,希望能够为企业创新体系建设提供借鉴,为政府部门制定政策提供参考,也为创新理论研究者提供启示。

作为企业技术中心工作曾经的亲历者、推动者和关注者,应本书作者之邀,谨此作序,希读者指正。

中国工程院院士、浙江大学教授　许庆瑞

2015 年春于杭

目 录 / *Contents*

第一篇 创新，走起

一、国家思路 / 3

（一）定格 1991 / 3

（二）职能定位 / 5

（三）体系沿革线索 / 7

（四）20 年 1000 家 / 11

二、浙江故事 / 18

（一）内生需求 / 18

（二）从执行到引领 / 20

（三）蓝图已绘 / 28

第二篇 产业变革之路

一、制造业——当"区域特色"不再特色 / 41

（一）浙江省工业企业的发展现状与问题 / 42

（二）浙江省工业企业技术创新特征 / 44

（三）浙江省工业企业技术创新能力评价 / 46

（四）浙江省工业企业技术中心创新能力评价工作 / 48

二、建设行业——支柱产业摒"旧"向"新" / 50

（一）浙江省建设行业的发展现状与问题 / 51

（二）浙江省建设行业企业技术创新特征 / 53

（三）浙江省建设行业企业技术创新评价指标体系 / 56

（四）浙江省建设行业企业技术中心创新能力评价工作 / 58

三、高技术服务业——未来产业的创新尴尬 / 62

（一）浙江省高技术服务业的发展现状与问题 / 63

（二）高技术服务企业的创新特征 / 65

（三）高技术服务业创新能力评价指标体系 / 67

（四）浙江省高技术服务企业技术中心创新能力评价工作 / 70

第三篇　企业"新"交响

一、企业技术中心创新能力总体水平 / 76

二、工业企业技术中心创新能力评价 / 83

三、建设行业企业技术中心创新能力评价 / 96

第四篇　创新，势不可挡

一、开放条件下创新体系及能力的变化 / 103

二、企业技术中心发展新趋势 / 109

（一）研发网络国际化 / 109

（二）系统架构无界化 / 112

（三）研发形态分散化 / 115

（四）战略导向多元化 / 117

（五）创新活动绿色化 / 119

（六）产业追赶协同化 / 120

三、企业技术中心评价指标体系再造构想 / 123

第五篇　企业实践

一、新领域的孵化地

　　——中控科技集团有限公司在变革中引领 / 131

二、走"三位一体"创新之路

　　——万向集团公司迈向国际化发展新高度 / 138

三、先取精华，后做龙头

　　——杭州汽轮动力集团有限公司的"引进、消化、吸收、再创新"之路 / 144

四、精耕环保装备的创新"异军"

　　——菲达集团有限公司从创新战略入手 / 151

五、检验外包"大腕"发展记

　　——杭州迪安医学检验中心有限公司的"三独经" / 158

六、用技术推开全球市场大门

　　——杭州海康威视数字技术股份有限公司诸多"第一"背后 / 165

七、超前差异化中，寻一片蓝海

　　——聚光科技（杭州）股份有限公司走在分析仪器高端之路 / 171

八、一切皆为创新

　　——浙江大华技术股份有限公司超越传统发展模式 / 177

九、建"一核多点"双引擎平台

　　——质量、技术成为杭州诺贝尔集团有限公司发展双引擎 / 184

十、万丈高楼"人才"起

　　——中天建设集团自有一套人才培养经 / 190

十一、飞转中的"四合"之轮

　　——浙江今飞机械集团有限公司以"四合"理念造轮毂 / 196

十二、国家级工程立"异"造车

　　——浙江吉利控股集团战略转型记 / 203

十三、"制药强企"的"三最"支撑

　　——浙江海正药业股份有限公司专注三大体系建设 / 210

本书数据样本说明：

一、国家认定企业技术中心相关数据，来源于 2013 年国家认定企业技术中心评价相关数据，统计年度为 2012 年；

二、浙江省省级企业技术中心相关数据，来源于 2014 年省级企业技术中心评价相关数据，统计年度为 2013 年。

INDUSTRIAL INNOVATION

创新二十年

——浙江省企业技术中心发展之路

INDUSTRIAL INNOVATION

第一篇　创新,走起

对于创新的探索和实践,人类从未止步。而从蒸汽机的第一声轰鸣开始,创新之于工业的变革,早在潜移默化之中显得不言而喻。

我国对于工业技术的创新认识是伴随着改革开放的步伐逐渐形成。可以想象,当西方国家伺机以市场开放的名义大肆抢占国内市场时,我们对于民族企业的担忧,促使着一家家企业技术中心开始在神州大地崛地而起。浙江成为了这场从上至下的大潮中最初的逐浪者。

浙江人从不缺乏"敢为天下先"的魄力和勇气,浙江企业更是站在改革开放的前沿,早早地把脉着市场的搏动。而与市场的博弈,"浙江制造"乘风破浪,却也遭受着迎面痛击。

事实证明,培育企业技术中心,浙江省走在全国前列,绝不是偶然。过去的二十年,几乎贯穿了浙江企业技术中心建设从"0"到"1"的整个过程。从吉利的技术体系创新工程问世,到万向的"三位一体"创新体系登上国际舞台,技术中心俨然已成为所在企业换血升级的中枢机构,产学研的模式也在历经市场的洗礼后,开始显露金芒。

一、国家思路

（一）定格 1991

在计划经济时代，我国科技体制基本沿袭苏联模式，国家布局建设了一大批科研院所，通过行政指令方式，利用各类计划来部署科技项目和任务，推动国家创新体系建设和技术进步，为我国经济社会发展和国防事业做出了巨大贡献。但创新体系内企业、科研院所、高校、国防科研部门相互独立，科研和生产活动相互分离，优秀人才、高端创新平台、研发资金等创新资源，大都集中在高等院校和科研院所，企业实际上就是生产工厂，几乎没有研发和创新力量。改革开放之后，部分技术开发型科技机构进入了企业，大型企业的技术吸收能力、开发能力和成果转化能力都有所提高。但在 20 世纪 90 年代初，企业技术创新能力薄弱的状况并没有根本改变。1990 年，企业拥有的科学家和工程师仅占全国的 14％，研发经费只占全国的 27.4％，获得授权的专利仅占全国的 15％。

成熟的市场经济条件下，企业是市场的主体，技术创新就是企业抓住潜在市场机会,在市场竞争中胜出的法宝。在西方,"创新"一词源于拉丁语,主要包括三层含义:一是"更新",二是"创造新事物",三是"改变"。国际上最早将"创新"引入经济学领域的是美国哈佛大学美籍奥地利经济学家熊彼特(J. A. Schumpeter),他在其1912年出版的《经济发展理论》中首次确定了"创新"的概念,认为创新就是要建立一种生产函数,实现生产要素从未有过的组合,主要包括五个方面:(1)采用一种新的产品或者一种产品的新的特性;(2)采用一种新的生产方法;(3)开辟一个新的市场;(4)掠取或控制原材料或制成品的一种新的供应来源;(5)实现任何一种工业的新的组织。具体而言,技术创新就是企业家抓住市场的潜在盈利机会,以获取商业利益为目标,重新组织生产条件和要素,建立起效能更强、效率更高和费用更低的生产经营系统,从而推出新的产品、新的生产工艺方法,开辟新的市场,获得新的原材料或半成品供给来源或建立企业的新的组织,它是包括科技、组织、商业和金融等一系列活动的综合过程。企业适应市场竞争必须依靠技术创新,特别是一些技术含量较高、适合规模化生产的企业,技术创新尤为重要。而企业开展技术创新工作离不开机构、人才、资金和机制等要素,首要的因素就是机构,即企业都要有自己的研究、开发和技术创新的机构、要建立和完善企业技术中心,做到组织落实。

在社会主义市场经济体制建设的大背景下,国家开始完善以企业为主体的创新体系建设。1991年,时任国务院副总理的朱镕基同志针对科研与生产脱节、企业技术开发能力薄弱这一弊病,指出要在"企业集团建立自己的科研中心或技术中心"。1992年,国务院生产办、财政部、中国人民银行、国家税务局、海关总署等部门为落实中央的部署,在深入研究的基础上联合发布了《推进企业技术进步的若干政策措施》(国生技改〔1992〕92号),其中就包括"在大型企业和企业集团中建立技术中心"。

1993 年,国家经贸委、财政部、海关总署、国家税务总局印发《鼓励和支持大型企业和企业集团建立技术中心暂行办法》(国经贸〔1993〕261 号),共同启动了企业技术中心建设工作。此后,企业技术中心建设工作受到了中央和地方的高度重视。

(二)职能定位

经过 20 年的建设完善,企业技术中心的职能定位不断清晰和完善。企业技术中心的职能基本上覆盖到了企业的决策层、经营层和生产层等三个层次,已不再是单纯的技术组织,其职能也不仅仅是从事研究开发,而定位在成为企业技术创新体系的核心和支撑企业长期健康发展的战略制高点上,形成面向市场、充分调动内部资源、广泛利用外部资源的开放式运行机制,并形成合理的决策程序、立项程序和管理程序。从历次国家认定企业技术中心管理办法沿革以及企业技术中心建设实践来看,目前企业技术中心主要承担以下六大职能:

1．创新规划职能

企业技术中心具备技术和市场信息的获取、分析和判断能力,从技术机会和市场机会相结合的角度对企业技术创新决策提供咨询,并参与企业发展战略和承担技术创新战略规划的制定和实施。企业技术中心参与制定和执行企业技术发展战略和技术创新、技术改造、技术引进、技术开发规划和计划。

2．研究开发职能

企业技术中心在深入分析和准确把握市场的基础上,重点做好支撑企业中长期发展需要的研究开发工作,特别是不断研究开发出有市场前景、有竞争力的新产品、新工艺、新技术,积极开展引进技术的消化、吸收和创新,充分利用世界先进技术成果进行综合集成和应用开发,形成有自主知识产权的主导产品和核心技术。

3. 合作交流职能

企业技术中心成为企业实施产学研合作的主要载体,积极与高等院校、研究院所建立多种形式的合作协同关系,有效地组织和运用社会资源为企业提供技术创新服务。不断加强与国内外同行企业的交流与合作,联合开展战略性研究开发,推动产业技术的升级换代。企业技术中心组织和运用国内外的技术和智力资源,开展范围广泛的、多种形式的国际技术交流与合作,利用国内外已有的科技成果进行综合集成和二次开发,与高等院校、研究院所以及同行企业建立长期、稳定的合作关系。

4. 人才培养职能

企业技术中心要具备必需的先进的研究开发条件,建立有效的激励机制,吸引国内外的科技人才到企业技术中心工作,增强企业对科技人员的凝聚力,提高企业技术人员的整体素质。

5. 技术服务职能

企业技术中心要对企业内其他层次的技术开发机构进行系统的指导、咨询、评价服务,使中长期研究开发工作与产品开发和商品化紧密结合,在企业技术开发体系中发挥核心作用。

6. 决策运营职能

企业技术中心开展技术经营和服务,对科技成果进行技术经济评估、技术咨询和技术转让，促进科技成果在企业内外的推广应用，对企业内其他研究开发机构的工作进行指导并提供服务。

（三）体系沿革线索

20 年来，在"摸着石头过河"的情况下，我国逐渐走出了一条企业技术中心建设之路。回顾企业技术中心 20 年工作，大致可以划分为以下 3 个阶段：

1. 1993—1998 年：市场经济发展的内在要求

1993 年 11 月，党的十四届三中全会确定了建立社会主义市场经济体制的基本框架。《中共中央关于建立社会主义市场经济体制若干问题的决定》中，提出要"在企业内部建立市场、科研、生产一体化的技术进步机制"。为了适应社会主义市场经济体制改革的需要，原国家经贸委、国家税务总局和海关总署在借鉴工业化国家成功经验的基础上，研究提出鼓励和支持大型企业和企业集团建立技术中心，旨在推进科研与生产结合，使企业成为技术开发主体。

从 1993 年到 1998 年，国家认定企业技术中心的数量达到了 203 家。在这一时期，企业技术中心建设主要围绕"一个中心、两个结合、三个提高"展开。一个"中心"就是以提高企业技术开发能力和高技术成果转化能力、提高企业经济效益和市场竞争力为中心；两个"结合"就是推进产学研结合、引进智力与利用国外科技力量相结合；"三个提高"就是提高研究开发水平、提高人才素质、提高经费投入强度。

在该阶段，国家基本摸索出了一条推动企业技术中心建设的方式方法,在引导企业技术创新体系建设和开展技术创新活动方面取得了一定成效。一是建立起多部门共同推动企业技术中心建设的有效工作机制,结合自身职能,从不同方面支持企业技术中心建设。行业主管部门也纷纷推动企业技术中心建设,如原机械部将 7 个独立研究院划入企业,烟草专卖局还布局建设了一批行业技术中心。二是企业技术中心建设深得企业重视,大型企业纷纷加大了技术中心建设投入。例如,1995 年海尔集团用于技术中心的研究开发经费达 1.5 亿元;1997 年玉林柴油机厂总资产只有 20 多亿元,却投入了 2 亿多元用于技术中心建设。三是企业技术中心对人才的吸引力初步显现。例如武汉钢铁集团、株洲硬质合金厂、浪潮集团、长虹集团等技术中心,从国内外引进了一大批高水平技术专家,形成了一支稳定的技术人才队伍。四是部分具备条件的企业技术中心开始迈出国际化步伐,利用国外智力资源开展高水平研发活动。例如,万向集团和海尔集团都在海外建立了企业技术中心分支机构,吸引了一大批海外研发人员。

至此,国家认定企业技术中心工作起到了示范和导向作用。据不完全统计,截至 1997 年底,上海和陕西等 15 个省市制定了鼓励和支持企业集团和大中型企业建立技术中心的意见,启动了省级企业技术中心建设。部分省市还给予企业技术中心资金支持,如江苏省 1996 年用于支持技术中心建设的专项贷款达 1.6 亿元,省级企业技术中心数量超过 200 家。

通过探索和实践,企业和社会各界逐步对技术创新形成共识。技术创新作为从一种新的思想的产生,到研究、发展、试制、生产制造再到商业化的全过程,是技术、信息、人才、物质与企业家才能等经济要素的有机结合,是在科学技术知识的生产、流动和应用的过程中创造财富、实现价值增值的必要手段,这一重大意义开始得以彰显。通过技术创新的实践,成功的企业技术中心开始不再是单纯的研发机构,而成为根据创新的理念设立和运行的技术创新组织，成为企业技术创新体系建设的核心。1999年，中共中央、国务院《关于加强技术创新、发展高科技、实现产业化的决定》又进一步提出要求，大中型企业要建立健全企业技术中心，加速形成有利于技术创新和科技成果迅速转化的有效运行机制，从而确立了创新体系建设的总体战略。

2．1999—2005 年：走向规范化管理

在探索起步阶段，企业技术中心在建设和发展中也暴露出一些突出的问题：一是企业技术中心宏观管理还不够规范，认定程序和标准不够清晰，也没有建立起优胜劣汰的动态调整机制。二是部分国家重点企业对技术中心建设重视还不够，一些较大的企业（集团）还没有建立研发机构或技术中心。三是国内部分地区对企业技术中心与企业技术创新体系、企业技术中心与企业研发机构之间的关系还存在不同的认识，技术中心组织机构不清晰，运行管理不规范。

1999 年至 2005 年间，国家采取了 3 项措施来解决上述问题。一是先后颁布《企业技术中心认定与评价办法》（国经贸技术〔1998〕849 号）、《国家认定企业技术中心管理办法》（国家发展改革委、财政部、海关总署、国家税务总局 2005 年第 30 号令），明确了企业技术中心的定位，建立起技术中心认定和管理规范。二是制定并两次修订企业技术中心评价指标体系，引导企业技术中心发展方向，通过评价建立起优胜劣汰的机制。三是发布《关于加强国家重点企业技术中心建设工作的意见》（国经贸技术〔2000〕847 号），配合国有企业改革和落实全国技术创新大会精神，引导和支持全国 520 家重点企业全部建立技术中心。

在优化提升阶段，国家分 6 批共新认定了 239 家企业技术中心和 4家分中心，总计撤销了 57 家国家认定企业技术中心资格；由于母公司被

确认为国家认定企业技术中心,共有 15 家已经认定的技术中心自动被调整为分中心。截至 2005 年底,国家认定企业技术中心的总数达到了 361 家。与此同时,各省市自治区和计划单列市已基本建立起企业技术中心工作体系。

3. 2006 年至 2014 年:向更广领域和行业迈进

2006 年 1 月,新世纪第一次全国科技大会在北京胜利召开。在这次大会上,中共中央、国务院发布《关于实施科技规划纲要 增强自主创新能力的决定》(中发〔2006〕4 号),作出建设创新型国家的重大战略决策,将建立以企业为主体、市场为导向、产学研相结合的技术创新体系放在更加突出的位置。在该决定中,再次明确要鼓励大型企业加快研究开发机构建设和加大研究开发投入,形成一批集研究开发、设计、制造于一体,具有国际竞争力的大型骨干企业。

为了在国家层面形成支持企业技术中心建设的合力,2006 年科技部加入到国家认定企业技术中心的工作之中,形成了以国家发展改革委、科技部、财政部、海关总署、国家税务总局等五部门共同推进国家认定企业技术中心建设的工作局面。2007 年,上述五部门为适应新的发展形势,修订并发布了《国家认定企业技术中心管理办法》(国家发展改革委、科技部、财政部、海关总署、税务总局 2007 年第 53 号令)。

2006 年至 2014 年间,国家发展改革委、科技部、财政部、海关总署、税务总局分九批共新认定了 726 家国家认定企业技术中心,经评价取消了 45 家国家认定企业技术中心的资格。这九年时间是国家认定企业技术中心快速发展的阶段,新认定企业技术中心数量是以往 12 年的 2.1 倍。

(四)20 年 1000 家

20 年来,在政府、企业、社会的共同努力下,我国企业技术中心迅速发展。截至 2014 年底,国家认定企业技术中心已达 1153 家,虽数量仅占全国大型工业企业的 9.4%,但多项创新指标均占半数以上。全国省(区、市)级企业技术中心已近万家,已经成为区域产业技术进步的重要力量。

1. 企业技术中心已成为技术创新体系的核心

经过 20 年的不断探索,企业技术中心已经不是单纯的企业技术研发机构,而是按照创新的理念设立和运行的技术创新组织,是企业技术创新体系的核心。如重庆长安汽车股份有限公司技术中心以长安汽车工程研究院为龙头,形成了以重庆、北京、意大利都灵、日本横滨、英国诺丁汉、美国底特律等为主要城市的全球研发格局,建立了全球协同设计网络基础平台,实现了全球 24 小时不间断开发和远程管理,海内外技术研发人员超过 2000 人。

在实践中,企业技术中心勇于探索,形成了多种企业技术中心建设模式,为健全企业技术创新体系做出了重要贡献,在行业内起到了重要的引领示范作用。例如,万向集团技术中心建立起基于汽车零部件及系统的"三位一体"创新体系,形成了以万向研究院为创新核心,以全员、全要素、全时空创新为根本,以资源配置、人才激励、组织保证、产业孵化、文化激活、知识管理、产学研合作等七大机制为支撑的全面协同创新。万向集团企业技术中心创造的"三位一体"创新体系,获得 2011 年国家科技进步奖二等奖。再如,海尔集团技术中心紧紧围绕用户需求,与用户、资源深度交互,采取全球一流资源并联开发的模式,创造性建立了"全流程并联交互开放式创新生态体系"。海尔企业技术中心所探索出的技术体系,荣获2012年国家科技进步奖二等奖。

2. 企业技术中心的创新投入高速增长

国家认定企业技术中心经费投入保持快速增长(见表1-1)。2012年,全国887家国家认定企业技术中心投入科技活动经费6384亿元,企均投入7.2亿元。按照科技活动经费投入的50%用于研发计算,2012年企业研发经费投入总计约为3192亿元,占全国大型工业企业研发经费投入总和的71.7%。2012年,研发经费投入超过10亿元的国家认定企业技术中心已经达到82家,这是10年前的8倍。欧盟产业记分牌数据显示,2011年全球研发投入1500强企业中,中国企业有52家入围,其中有48家是国家认定企业技术中心所在企业。

表1-1 国家认定企业技术中心科技活动投入情况

指标	2002 年	2006 年	2012 年
企业数量(家)	301	438	883
营业收入(亿元)	19813.91	59836.03	206559.98
投入科技活动经费总额(亿元)	666.07	1908.92	6497.37

国家认定企业技术中心重视并不断加大研发投资。2012年,国家认定企业技术中心技术开发仪器设备原值高达2407亿元,企均仪器设备原值高达2.7亿元,比10年前平均增加了7000万元。例如,长城汽车技术中心投资50亿元建设26万平方米的新技术中心,建成后可容纳1万名研发人员。

3. 企业技术中心的创新成效日益显著

国家认定企业技术中心研发活动十分活跃。2012 年,国家认定企业技术中心在研科技项目总数达到 9.8 万项,平均每个企业在研科技项目达到 110 项,是全国大型工业企业在研科技项目数的 4.9 倍。同期,全国 9610 家国家和省级认定企业技术中心在研科技项目总数达到 33.6 万项,企均在研科技项目数是全国大中型工业企业平均值的 6 倍。

企业技术中心积极投身新产品开发,为企业不断带来丰厚的利润。2012 年,国家认定企业技术中心所在企业的新产品产值高达 6.6 万亿元,占全国大型工业企业新产品产值的 60%;国家认定企业技术中心新产品销售收入占营业收入的比重高达 32.1%,比 10 年前提高了 1.2 个百分点。同期,国家认定企业技术中心所在企业的新产品销售利润占企业利润总额的 39.1%,比 10 年前提高了 7.6 个百分点;企均实现新产品销售利润 7.6 亿元,是 2006 年的 2.4 倍;新产品利润率长期保持在 10% 以上,为企业盈利提供了有力保证。截至 2012 年底,国家认定企业技术中心拥有有效发明专利近 10 万项,占全国大型工业企业发明专利拥有量的 71.4%。2012 年,国家认定企业技术中心申请发明、实用新型和外观专利总计 10.8 万项,占全国大型工业企业的 22.1%;其中发明专利 4.8 万项,占全国大型工业企业的 27.3%(见表 1-2)。2010 年至 2012 年间,国家认定企业技术中心主持和参与的国家和行业标准达到 6858 项,约为全国大型工业企业的四分之一。部分企业技术中心还在国家标准制定中发挥着重要作用,如海尔集团技术中心承担国际标准组织技术委员会秘书处 2 个,占据 15 个国际电工委员会(IEC)的组织席位。

表 1-2　国家认定企业技术中心专利成果

指标	2002 年	2006 年	2012 年
新产品销售利润(亿元)	536.03	1900.95	6743.90
专利申请数(件)	3655	29715	105605
发明专利申请数(件)	286	12224	44733
拥有发明专利数(件)	——	12219	90994

4. 企业技术中心创新实力体现国家创新水平

技术中心成为带动产业技术进步的核心力量。国家认定企业技术中心布局在行业龙头企业之中,它们的技术水平往往代表了产业技术发展水平,它们的技术进步直接带动着产业技术水平的整体提升。例如,长春轨道客车股份有限公司技术中心建立起动车组和城市轨道车辆两大产品平台,开发出 CRH380B 高寒动车组、CRH380BL 高速动车组、CRH380CL 智能高速动车组,以及时速 250 公里城际干线兼容动车组,直接带动了我国高速铁路技术进步。

国家认定企业技术中心的一大批创新成果获得国家科技三大奖项。在 2012 年国家科技进步奖获奖项目中,两个特等奖项目都有国家认定企业技术中心的贡献,中国西电集团公司、特变电工股份有限公司、平高集团有限公司、许继集团有限公司、中国石油化工股份有限公司、宝钢集团有限公司、天津钢管集团股份有限公司等名列其中;13 个一等奖项目中,除高校项目外,几乎所有项目都有国家认定企业技术中心的参与;徐州工程机械集团有限公司的"基于大型工程机械自主创新的徐工科技创新体系工程"等,获得国家科技进步二等奖。2011 年和 2012 年,国家认定企业技术中心累计获得国家自然科学奖、国家技术发明奖和国家科技进步奖超过 200 项,已经成为了国家重大科技成果产出的主体。

5. 企业技术中心培育领域不断拓展

近年来，国家发展改革委针对产业结构调整的需求，在每年新认定企业技术中心之前，对外发布行业指南。此举优化了企业技术中心行业布局，初步形成了以制造业为主体向建筑业、服务业、农业等其他领域拓展的格局，带动了相关行业技术创新。在建筑领域，目前全国共评定该行业技术中心 20 余家，这些技术中心不仅提高了建筑企业对技术创新的重视程度，更加促进了施工技术水平提升，加速了建筑工业化以及建筑节能环保材料等行业的发展和应用。

从行业分布来看，在 2012 年全国 887 家国家认定企业技术中心中，非制造领域技术中心数量达到 130 家，占总数的 15%，与"十五"末的 9% 相比，提高了 6 个百分点。最近几年，国家新认定的中国银联股份有限公司、上海申通地铁集团有限公司等技术中心，在现代服务业企业技术创新中发挥着重要作用；时代出版传媒股份有限公司进入国家认定企业技术中心范围，开创了文化企业技术中心建设工作的先河。

从地区分布来看，目前全国 31 个省、市、自治区均建有国家认定企业技术中心。最近几年，国家加强了对中西部地区企业技术中心建设的引导和支持力度。2012 年，全国 887 家国家认定企业技术中心中，东中西部地区分别有 514 家、226 家和 147 家。其中，中部地区国家认定企业技术中心数量增长最为迅速，2012 年中部地区占 25.5%，比 10 年前提高了 2.5 个百分点。

从所有制来看，国家认定企业技术中心布局在民营企业的比例越来越高。目前，全国 887 家国家认定企业技术中心中，民营企业约占一半，还有一些国家认定企业技术中心布局在中外合资企业之中。

为了更好地引导非制造领域加强企业技术中心建设，各地方不断开展建筑业、服务业等领域企业技术中心建设实践。例如,浙江、江苏、湖南、四川、山西、海南等省份率先建立起建筑企业技术中心评价指标体系;北京市将企业技术中心分为制造业,信息传输、计算机服务和软件业,建筑业等三类进行管理和评价,尤其注重引导现代服务业企业建设技术中心。

6. 技术中心创新机制不断完善

经过 20 年的持续建设,国家认定企业技术中心的创新能力发生了质的飞跃,技术创新活动形式和内容发生了深刻的变化。

一是部分技术中心的研发活动正从"引进消化吸收再创新"为主向集成创新和原始创新为主转变,同时积极开展基础和前沿技术开发、研究,加强下一代产业技术储备。例如,华为技术中心自成立之初,每年研发投入超过销售收入的 10%,并将其中的 10% 用于前瞻性研究;宝钢技术中心与国家自然科学基金委联合设立了支持钢铁基础研究的专项基金;丽珠集团技术中心专门拿出部分资金作为基础研究基金。总体来看,大量企业技术中心在"引进消化吸收再创新"的基础上,持续提高创新水平,部分技术中心已经形成了原始创新能力。

二是创新组织形态发生了巨大变化,部分技术中心积极布局中央研究院和海外研发中心建设,打造网络化的研发组织,形成支撑"前沿技术—工程技术—产品技术"于一体的研发组织体系。例如,华为技术中心除深圳总部研发中心外,还在国内的北京、上海、南京、杭州、成都、西安、武汉等地设立了研究所,同时在印度、瑞典、美国、俄罗斯等国家设立海外研究所,而在前沿技术研究方面,中心还与清华大学、中国科技大学、华中科技大学和东南大学等 11 所国内高校建立了联合研究中心。

三是技术中心创新平台建设高端化,依托部分企业技术中心布局建设了一批国家工程实验室、国家工程中心、国家重点实验室等研发平台，形成了比较先进的创新基础设施体系。据不完全统计，当前全国已有依托国家认定企业技术中心布局建设的国家工程实验室 39 家、国家地方联合工程实验室（工程中心）58 家、国家工程技术研究中心 15 家、企业国家重点实验室 39 家。例如，烟台万华集团技术中心经过 10 年发展，目前下设了中央研究院、北京研究院、上海研究院、万华设计院、制革研究所、节能建材研究所、生态板业研究所，以及宁波万华、万华容威、博苏化学三个企业分技术中心；在中央研究院内，建成了 1 个国家工程技术研究中心、3 个国家认证分析实验室、5 个省级工程中心和重点实验室。

四是产学研合作不断升级，大量技术中心由委托高等院校和科研院所开发为主，逐渐转向共同研发、长期合作、战略合作，甚至部分技术中心已成为产学研合作中的组织者。例如，金发科技技术中心积极开展产学研合作与产业链资源整合工作，牵头组建了塑料改性与加工产学研创新联盟，加强了与国内高等院校和科研院所的合作。在上下游产业链资源整合方面，技术中心牵头组建了全国工程塑料与塑料改性产业创新战略联盟，密切了与中石油、中石化等上游原材料供应商及大众、通用、长虹等客户的合作关系。再如，江苏恒瑞技术中心先后与南京大学、中国药科大学等高校合作，定向培养研究生。

二、浙江故事

（一）内生需求

浙江是个资源小省，对于"创新"有着发自内心的"渴求"。1992 年，党的十四大确立了社会主义市场经济体制的改革目标，对改革开放和经济发展产生了巨大的推动作用。思想观念的解放和条条框框束缚的破除，为整个经济发展注入了活力。在此背景下，浙江再次掀起工业化高潮，企业技术创新步入一个新的发展阶段。

从经济制度改革上看，整体趋势向上，明确了社会主义市场经济建设，确立了市场经济的基础地位。浙江在积极推进经济社会发展的同时，也清楚地意识到了资源要素紧缺、环境压力增大、低成本竞争和数量扩张型的产业及企业发展越来越难以为继等问题。对此，浙江省将转变经济发展方式提上了重要议事日程。1995 年，按照党的十四届五中全会精神，浙江省委明确提出要加快由粗放型增长方式向集约型增长方式的根本性转变。1996 年，浙江省《国民经济和社会发展"九五"计划和 2010 年远景目标纲要》进一步提出要将经济工作的重点放在转变增长方式、提高增长质量上,进一步突出了对加强企业技术创新的重要性。

从工业经济发展上看,当时浙江省工业经济发展已步入工业化的全面发展阶段:一是工业企业总量规模在不断壮大。1991 年,浙江省乡及乡办以上工业企业的平均年产值规模为 300.6 万元。到 2000 年,浙江省全部国有及规模以上非国有工业企业的平均年产值规模达到 4530.8 万元。二是主导产业中开始出现高新技术产业。从 20 世纪 90 年代初开始,以电气机械和电子通信等为代表的高新技术产业开始迅速崛起,以电气机械和电子通信等为代表的一些高新技术产业开始成为浙江省的主导产业。到 2000 年,总产值超过 200 亿元的制造业包括纺织、电气机械、服装、普通机械、化学原料及化学制品、交通运输设备、电子通信等,它们的总数占据了全省工业经济总量的半壁江山。三是产权关系逐渐明晰,乡镇集体企业大量改制,非公有经济迅速超过公有经济,个体私营经济逐渐成为主导工业经济形态。四是块状经济形态基本形成。浙江省的传统块状经济源于“一乡一品”,主要是在县域的框架内发展。至 2000 年,全省年产值超过 1 亿元的块状经济达到了 519 个;块状经济工业总产值为 5993 亿元,占全省工业总产值约为 49%;块状经济平均规模为 11.55 亿元;企业总数为 23.69 万家;从业人员约为 380 万人。

在科技资源方面,当时浙江处于“科教兴省、支撑发展”的转型期,如何调动企业和研发人员的创新活力？该问题尚处在不断探索中。1992年,邓小平南巡讲话后,浙江在全国较早提出实施“科教兴省”战略。1996年,省委、省政府出台《关于深入实施科教兴省战略加速科技进步的若干意见》,明确实行党政领导科技进步目标责任制,开展创建科技进步先进县(市、区)活动。在此背景下,浙江省一方面大力推进科研院所改制,在前期试点的基础上,1997 年省化工院、农科院等 5 家开发类院所进行转制改革;另一方面,大力培育发展高新技术产业以及高新技术企业——1990 年,成立杭州高新技术产业开发区,次年升格为国家级;1993 年,高新开发区和高新技术企业逐步建立和发展;1997 年,省级高新技术产业园区开始建设。

企业技术中心是创新体系的重要内容,是企业技术创新建设的核心和主要载体。在 1993 年原国家经贸委、财政部、国家税务总局、海关总署联合启动在大型企业和企业集团建设技术中心的政策后,浙江省结合经济发展需求和自身实际,把企业技术创新体系作为浙江省"创业富民、创新强省"战略的重要内容,分层次、分步骤建设和发展企业技术中心,开启了浙江企业技术中心建设 20 年征程。

(二)从执行到引领

回顾浙江企业技术中心建设的 20 年发展历程,基本经历了贯彻执行、规范提升和引领发展三个阶段。

1. 1994—2000 年:积极贯彻执行阶段

邓小平同志视察南方发表重要谈话后,浙江紧紧抓住契机,按照党的十四大确立的建设社会主义市场经济体制的改革目标,放手发展个体私营经济,率先推进企业产权制度改革,加快提升各类专业市场,大力发展外向型经济,着力推动县域经济加快发展。全省发展活力竞相迸发,经济社会进入新一轮发展热潮。

1994 年,浙江积极贯彻执行国家经贸委、财政部、海关总署、国家税务总局印发的《鼓励和支持大型企业和企业集团建立技术中心暂行办法》

（国经贸〔1993〕261号），组织浙江优秀工业企业申报国家认定企业技术中心。根据1994年国家认定文件，浙江东方通信等企业成为浙江省首批国家级企业技术中心。随后，浙江省计划与经济委员会科技处根据国家文件要求，积极组织浙江企业创建国家认定企业技术中心。浙江把建设以企业为主体的技术创新体系，作为技术创新工程的关键环节，结合"九五"技术创新规划编制工作，开始系统谋划"九五"时期的企业技术中心建设工作。在《浙江省"九五"科技开发计划》中明确指出，要提高企业技术开发能力，积极开展企业技术中心建设，进一步突出企业主体地位。

2000年，浙江省开展机构改革，企业技术中心管理职能由新成立的浙江省经济贸易委员会（以下简称：省经贸委）承担。省经贸委根据职能定位，进一步加大在工业经济领域的企业技术中心建设，将其作为推动区域创新体系建设的核心工作来抓。到"九五"末，全省已建立了8家国家认定企业技术中心、121家省级企业技术中心，引导和支持企业技术中心跟踪国际先进技术，实现自主创新。同时，企业经营者的技术创新意识也不断提升。根据浙江省委政策研究室1999年的调查，浙江省企业经营者多具有较强的创新意识，约3/4的经营者对技术创新极为关注。其中50%的经营者对企业技术创新提出设想、目标、具体要求，并予以组织实施。在重点骨干企业，技术创新意识较强的经营者高达90%。

2. 2001—2006年:规范提升阶段

步入新世纪，浙江企业技术中心建设和培育的落脚点放在"注重引导，规范运作，提升能力"上。这一时期，管理办法、管理机制、评价方式、梯队与体系建设等方面日趋完善，企业技术中心队伍和实力也不断增强。

2000年，省经贸委成立以来，高度重视技术创新工作，把技术创新工作放在突出位置来抓，在2001年开始实施的《浙江省"十五"技术创新发展规划》中明确提出:以增强产业核心竞争力为目标,大力推进技术创新,完善技术创新体系,重点抓好国家级、省级企业技术中心建设,并提出争取建立各具特色、运作有效的100家示范性企业技术中心,并在"九五"已建立8家国家级企业技术中心的基础上再发展一批的目标,明确将对已建立的企业技术中心实行动态管理,加强工作指导,进一步加大政策支持力度。

2002年,省经贸委根据国家经贸委、国家税务总局、海关总署《鼓励和支持大型企业和企业集团建立技术中心暂行办法》、国家经贸委《关于加强国家重点企业技术中心建设工作的意见》精神,制定《浙江省鼓励和支持企业建立技术中心暂行办法》(浙经贸技术〔2002〕1222号),第一次在省级层面对省级企业技术中心的主要任务、申报条件等进行系统规范,对研发投入强度、工程技术人员以及新产品产值率等作出明确要求,并明确提出对省级企业技术中心实行动态管理、定期考核机制。

2003年,中共浙江省委十一届四次全体(扩大)会议召开,首次提出了"八八战略",将企业技术创新工作放到更加突出的位置。同年,浙江出台《浙江省省级企业技术中心专项资金管理暂行办法》,设立专项资金支持企业技术中心建设。资金主要用于增强企业和区域的技术创新能力,扶持有市场前景、有竞争力的新产品、新工艺、新技术的研究和开发,以及引进技术的消化吸收和创新、产学研合作、与国内外企业的技术合作、先进科研成果的综合集成和应用开发等项目。

2005年,国家发展改革委牵头,联合财政部、海关总署和国家税务总局等部门制定了2005版《国家认定企业技术中心管理办法》(以下简称《管理办法》),对原先版本做了较大幅度的调整,明确了企业技术中心的定位,建立起技术中心认定和管理规范。浙江省积极贯彻落实,由省经贸委牵头,联合省财政厅、省国税局、省地税局和杭州海关对浙经贸技

〔2002〕1222号文件进行了修改，联合发布了《浙江省省级企业技术中心管理办法》，对企业技术职能、技术中心认定评价流程、申报材料、政策与管理等做了新的规定。由于国家认定企业技术中心评价安排在奇数年，为合理分配国家评价和省级评价的工作任务，与国家评价时间和评价工作衔接，浙江省确定将省级企业技术中心评价安排在偶数年，具体时间安排在5、6月份。为了体现公开、公正、公平原则，积极推行政务公开，加快政府职能转变——改变过去由省经贸委直接组织专家或中介评估机构对上报评价材料等进行核查、分析的做法，采用授权3—5家中介机构依照《管理办法》制定的评价标准对企业上报的材料进行评估，再由省经贸委组织相关部门对评估结果进行确认公布。

在2005年，浙江出台了《关于企业技术创新体系建设的若干意见》（以下简称《若干意见》），系统地提出了浙江省培育和发展的基本框架，明确了指导思想，规定了今后培育的主要内容和重点，提出了"十一五"期末建设和培育的基本目标，并且提出了实现这些目标的政策保障措施。在《若干意见》中，始终把提高创新能力作为企业技术中心发展战略的基点，大力提高技术中心的原始创新、集成创新能力，并加强在"引进消化吸收再创新"能力中的核心作用，明确要求把技术中心培育成企业自主创新的主导力量、产学研联合创新的基本纽带、企业自主知识产权的孵化器，在技术创新体系中发挥更加重要作用。

2006年末，浙江启动了在纺织服装、轻工、食品、化工、家用电器等传统优势产业，在电子信息、生物医药、新材料等高技术产业，以及在装备制造业等九大重点行业实施"958"技术赶超计划，即在9个行业中，每年滚动扶持50家重点企业、80个左右的关键共性技术。通过5年左右的努力，加强技术攻关、加快技术升级、提升企业自主创新能力，使其主要生产技术及装备达到国内领先、国际先进水平，形成具有自主知识产权的核心技术,进一步增强浙江省重点行业和重点骨干龙头企业的国际竞争力。围绕"958"技术赶超计划,我们选择省级以上企业技术中心作为"靶点",把行业优势明显、创新能力显著的 54 家企业作为遴选对象,重点支持其创新能力建设。同时,以企业技术中心的研究开发内容为线索,每年确定 80 个左右的技术攻关项目作为重点支持的目标。同时,为合力扶持企业技术中心建设,省经贸委在技术改造"双千工程"项目、"鼓励企业通过自主创新开展装备制造业重点领域首台(套)产品的试制和产业化"项目以及"节能与资源综合节约利用"项目等主要政策工具中,均把省级以上企业技术中心作为优先遴选对象或是必要条件,从而有效激发企业技术中心的各项建设,从制度上有效推动了浙江省的企业技术中心的能力提升以及其他各项建设。

在规范提升阶段,浙江共认定了 23 家国家认定企业技术中心、54 家省级企业技术中心,实施了 212 项关键共性技术重点攻关项目,86% 的项目达到或超过国内领先水平。在加强认定的同时,浙江省对不符合发展要求和建设不规范的企业技术中心进行淘汰,先后淘汰了 5 批共 45 家企业技术中心,对不重视评价、忽视发展起到了十分明显的扼制效果。一些行业内知名的大企业由于发展过程中的种种原因而忽视技术中心的建设,几年来没有新产品开发,技术人员流失严重,评价不合格。通过撤销认定,倒逼企业重视技术中心的各项建设,使企业技术中心真正成为富有影响力和含金量的品牌。

3. 2007 年以来:引领发展阶段

《浙江省技术创新"十一五"规划纲要》将完善以企业技术中心为重点的技术创新体系作为"十一五"浙江技术创新建设工作的主要举措,明确要求建立以企业技术中心为主要方式的技术创新体系及运行机制。到

2010 年，要求培育 30 家左右国家认定企业技术中心和 600 家省级企业技术中心。至此，浙江进一步加大企业技术中心建设力度，在企业技术中心覆盖范围、梯队建设等方面开始积极探索实践，摸索出一些具有浙江特色的新模式新路子，步入引领发展阶段。

第一，在企业技术中心覆盖领域方面，尤其是在建筑业、高技术服务业等领域建设企业技术中心，浙江走在全国前列。2007 年，浙江率先开启了在建筑行业培育企业技术中心的研究工作。由省经贸委牵头，联合省建设厅、浙江大学等相关机构专家，对全省建筑业企业技术进步进行认真梳理和评价，撰写了详尽的研究报告，第一次系统摸底全省建筑业的技术创新发展现状，提出了今后推动"建筑大省"向"建筑强省"跨越的若干建议，并且在全国率先建立了系统的建筑业企业技术中心评价模型。

2008 年，率先出台了《浙江省省级企业技术中心（建设）管理办法》（浙经贸技〔2008〕273 号），正式把企业技术中心培育建设从工业领域拓展到建筑业等建设领域，在全国率先启动建筑企业技术中心的认定与评估，建立完善了一整套评价体系。当年全省首批认定通过省级建筑企业技术中心共 20 家。

2010 年，为进一步加强和规范建设行业企业技术中心认定、评价管理工作，浙江省经济和信息化委员会（以下简称：省经信委）会同省建设厅、省财政厅、省国税局、省地税局和杭州海关等部门对 2008 年建筑业企业技术中心管理办法进行了修订，形成了新的《浙江省建设行业企业技术中心管理办法》。

2012 年，在前期探索实践的基础上，结合经济发展新形势和国家政策导向，由省经信委牵头，联合浙江大学，浙江启动了有关高技术服务业企业技术中心建设的研究工作，企业技术中心建设开始向高技术服务业领域覆盖。2013 年，《浙江省高技术服务企业技术中心认定评价实施方案(试行)》发布,并认定 10 家高技术服务业企业的技术中心为省级企业技术中心,浙江又一次走在了全国前列。

同时,在传统制造业领域,浙江省十分注重管理办法的完善,确保与时俱进,符合新时期发展要求。根据国家发展改革委、科技部、财政部、海关总署和税务总局 2007 年第 53 号令,以及省政府办公厅《关于印发浙江省经济和信息化委员会主要职责内设机构和人员编制规定的通知》(浙政办发〔2009〕146 号)文件精神,省经信委会同省财政厅、省国税局、省地税局、杭州海关等部门对 2005 年颁布的《浙江省省级企业技术中心管理办法》(浙经贸技〔2005〕646 号)进行了修订,并于 2010 年颁布了新的《浙江省省级企业技术中心管理办法》(2010 版),修改完善了企业技术中心的评价体系,优化了申报程序。

第二,坚持认定评价与能力培育并重,不断提升企业自主创新能力,尤其在网络教育培训方面,成为全国先进。2012 年,为规范项目管理程序,提高项目质量和效益,浙江省出台了《浙江省企业技术中心创新能力建设项目管理办法》,把过去简单的技术中心奖励调整成鼓励企业技术创新能力提升,要求面向省级企业技术中心,围绕综合性技术开发和创新能力提升,组织实施创新能力建设项目,鼓励和支持浙江企业技术中心加快建设完善技术开发和实验条件,构建支撑企业开展关键技术研发的创新平台,增强企业核心竞争力和持续发展能力。2011—2014 年,共组织实施约 200 项省级企业技术中心创新能力项目,带动企业在研发仪器、测试设备、小试设备及配套软件方面投入资金 10 亿元左右。

2013 年,省经信委优化完善了在线教育网络平台、授课内容、管理考评体系,发布了《继续开展省级企业技术中心在线教育工作的通知》(浙经信技〔2013〕152 号),着重面向省级企业技术中心的经营管理、研究开发、财务统计等人员,提供创新管理、创新战略、创新政策、创新技术、创新文化、财务管理、人力资源、项目申报实务等课程(每年新增 10% 以上新课程和新内容),力争通过 3—5 年在线教育工作,使得省级企业技术中心在经营管理、研究开发、政策运用、财务统计等方面的能力得到明显提升,全省企业技术中心规范化管理水平得到显著提升。在线教育平台系统于2013 年 4 月 1 日正式上线,目前已有注册学员 7550 余名。

与此同时,以评价为手段加大企业技术中心动态调整力度。在严把认定关的同时,不断加大评价、跟踪、监督工作力度,确保已认定企业技术中心保持技术创新动力和活力。2014 年,全省共有 46 家省级企业技术中心撤销省级企业技术中心资格,调整比率达到 5.3%。

第三,积极利用网络技术,不断创新工作方法,尤其是在技术创新网上办事大厅建设方面,成为全国先进。在认真调研和统筹规划的基础上,经过一系列测试和试运行,2012 年浙江省的技术创新网上办事大厅系统正式上线。该网络平台涵盖了包括省级企业技术中心管理在内的各项技术创新管理工作,实现了企业技术中心认定评价工作的"无纸化"作业,增强了认定评价工作的公开性、公平性和透明度,极大地简化了工作流程,减轻了企业负担,也为下一步进行数据的挖掘、分析创造了条件。为了便于地方和企业的操作使用,2011 年在全省范围内开展了网上办事大厅操作系列培训,吸引 900 余家企业共 1500 余名代表参会,广受企业好评。

同时,龙头企业的技术创新体系建设探索实践结出丰硕成果。2009年吉利集团以"吉利战略转型的技术体系创新工程建设"获得国家科技进步奖"企业自主创新工程"类二等奖(一等奖空缺);2011 年万向集团以"万向基于汽车零部件及系统的'三位一体'创新体系建设"获国家科学技术进步奖二等奖。

(三)蓝图已绘

浙江省结合中小企业发展迅速、量大面广、块状经济优势明显的特点,把企业技术创新体系作为浙江省"创业富民、创新强省"战略的重要内容,分层次、分步骤建设和发展企业技术中心。经过 20 多年的培育,从一个教育资源、人才拥有量都相对不足的省份,一跃成为创新和专利大省,形成了以企业为主体、高校科研院所为依托、企业技术中心为主要形式的企业技术创新体系。同时,对于建设行业和高技术服务业技术中心的培育,以及两大行业网络管理系统和在线教育系统的建设等,浙江省均开创了国内先河,起到了示范引领作用。

1. "三个三"体系基本形成,创新地位日益凸显

近年来,浙江不断深化国家、省、市三级企业技术中心管理体系建设,完善了制造业、建筑业、服务业三个行业评价体系,加强了企业技术中心、重点企业研究院、行业技术中心三类创新体系建设。截至 2014 年底,浙江省拥有省级企业技术中心 902 家,其中国家级企业技术中心 79 家、省级企业技术中心 823 家,在全国 31 个省市自治区中,位居第四。

从具体细分行业来看(见表 1-3),机械行业企业数量居首位,共有省级以上中心 307 家;轻工、建设、纺织、电子等传统优势行业位于第二梯队,企业数量占比基本上处于 10% 左右。此外,浙江省共认定了 81 家省级建设行业企业技术中心,基本囊括了浙江省建设领域的龙头企业,其中绍兴市作为浙江省著名的"建筑大市",共拥有 20 家省级建设行业企业技术中心,占 25%,宁波、杭州、台州、金华也都有超过 7 家企业获得省级认

定。此外,各市参照省级企业技术中心管理办法,制定相应规范并开展市级企业技术中心认定和管理工作,截至 2014 年底,共已认定市级企业技术中心 3142 家。

表 1-3 各地区省级企业技术中心行业分布情况

地区	船舶	电子	纺织	化工	机械	建材	其他	轻工I	轻工II	石化	冶金	医药	有色	建设
杭州		21	12	20	49	7	13	7	24			12	4	10
宁波	1	8	7	5	37	1	2	6	15		1	1		13
温州			2	2	40			1	9			4		6
嘉兴		6	14	5	14	1		1	13	1	2	1		4
湖州		4	3	1	14	7	1	2	9			2		3
绍兴		2	21	8	40	2	1	5	10		2	11	1	20
金华		6	6	5	26	2	4	4	10			7	1	9
衢州		5	1	3	12	2	1		5			1		
舟山	5		1		8				3			1		1
台州	1	1	1	9	36	2	2	7	14		1	15		9
丽水			1	3			1		5		1	1		
省属			1	1	2							1		6
合计	7	53	69	62	281	24	25	33	117	1	8	56	6	81

从地区分布来看(见表 1-4),杭州市有 179 家,占全省的 22%,绍兴市 123 家,台州市 98 家,宁波市 97 家,金华市 80 家紧随其后。此外,各市参照省级企业技术中心管理办法,制定相应规范并开展市级企业技术中心认定和管理工作,目前全省共培育市级企业技术中心已超过 3100 家。部分发达县区也开展县(区)级技术中心培育,推进全省企业技术创新体系向纵深发展。

表1-4　各级企业技术中心地区分布情况

	国家级	省级	市级
杭州市	34	179	472
宁波市	8	97	972
温州市	5	64	220
嘉兴市	3	62	198
湖州市	5	48	103
绍兴市	12	123	426
金华市	3	80	178
衢州市	1	30	165
舟山市	0	19	43
台州市	8	98	251
丽水市	0	12	114
省　属	0	11	0
合　计	79	823	3142

技术中心通过推动企业实施创新驱动发展战略,为企业的高速成长提供不竭的创新动力,成为浙江省经济发展的重要驱动力量。拥有省级以上企业技术中心的企业已经成为浙江省经济结构中的中坚力量。2014年,902家企业虽然在数量上仅占规模以上工业企业的2.3%,但是销售收入总额、利润总额分别约占全省规模以上工业企业的30.8%、35.2%。同年,79家拥有国家认定企业技术中心的企业,销售收入总额、利润总额分别约为4400亿元、480亿元,分别占当年全省规模以上工业企业的7.2%、13.5%。823家拥有省级技术中心的企业,销售收入总额、利润总额分别约为14460亿元、770亿元,分别占当年全省规模以上工业企业的23.6%、21.7%。

拥有省级以上企业技术中心的企业在金融危机带来的阵痛中依然表

现出强大的获利能力,在浙江省从经济危机中快速恢复过程中发挥了积极作用。如表 1-5 所示,金融危机爆发前的 2008 年,533 家技术中心企业实现产品销售收入 6500 亿元、利润 613 亿元,利润率约为 9.4％;6 年之后的 2014 年,拥有省级以上企业技术中心的企业在数量上增长了 69.2％,但销售收入与利润总额的增速更快,分别增长 190.1％、99.8％,远高于认定的省级以上企业技术中心数量的增长速度,且利润率约为 6.7％,远高于当年规模以上工业企业平均 5.8％的利润率。

表 1-5   拥有省级以上企业技术中心的企业总体情况

年份	2008 年	2012 年
企业数量(家)	533	902
产品销售收入(亿元)	6500	18854
产品销售利润(亿元)	613	1255

2. 内生投入已成常态,创新动力日趋强劲

企业的高速发展及较高的利润率,为企业技术中心创新投入的持续、高速增长提供了资金基础,企业的自有资金已经成为技术中心持续、稳定的最主要来源。如表 1-6 和图 1-1 所示,从 2013 年国家认定企业技术中心的评价结果看,国家认定企业技术中心的科技活动经费筹集总额约为 213.7 亿元,其中来自政府的资金仅 9.8 亿元,占比仅为约 4.6％。

表 1-6   国家认定企业技术中心的创新投入情况   单位:亿元

年份	2009	2010	2011	2012	2013
科技活动经费筹集总额	87.8	114.9	135.0	203.7	213.7
其中政府资金	2.4	4.4	5.5	5.1	9.8
科技活动经费支出总额	85.8	111.6	129.6	155.9	207.8
其中 R&D 经费支出	53.0	79.6	101.7	128.5	181.9

创新投入/亿元

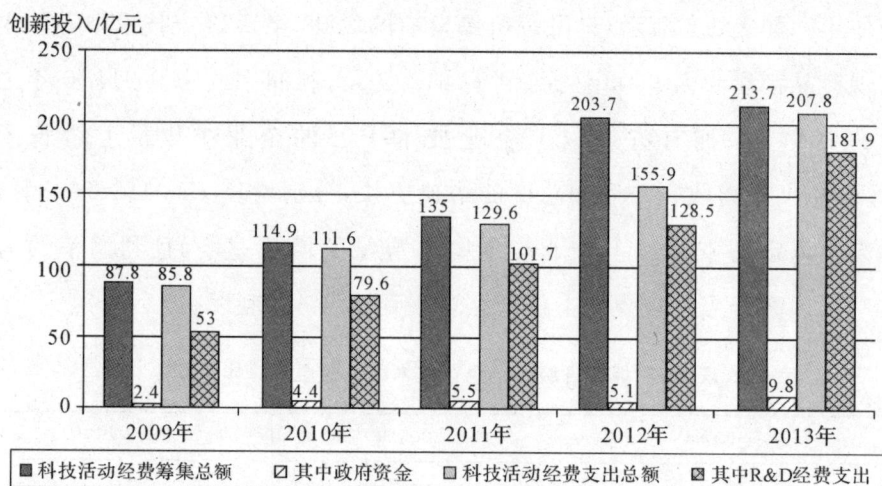

图 1-1 国家认定企业技术中心的创新投入情况

企业技术中心创新投入保持快速增长。2013年,国家认定企业技术中心的科技活动经费支出总额达到207.8亿元,占当年销售收入的4.7%。由于拥有国家认定企业技术中心的企业许多仍属于传统的制造业,许多企业的销售收入规模非常庞大,影响了国家级企业技术中心这一指标的相对表现,如恒逸集团2013年的销售收入约为310亿元,科技经费支出总额约为11亿元,其科技经费支出占销售收入的比重也仅为3.55%。尽管拥有国家认定企业技术中心的企业2013年的销售额只占全省当年规模以上工业企业的7.2%,但是利润却占到了13.5%,这使得拥有国家认定企业技术中心的企业有充足的资金用于增加创新投入。2013年,拥有国家认定企业技术中心的创新投入占全省当年规模以上工业企业的20.2%,后者的创新投入占销售收入的比重仅为1.7%。

企业技术中心的科技活动经费支出日益优化,越来越多的科技经费用于支持R&D活动。2013年的科技活动经费的使用结构中,国家认定企业技术中心的R&D经费支出约为181.9亿元,占科技活动经费总支出的 87.5％，远高于一般企业按科技活动经费投入的 50％列支 R&D 经费，也远高于 2009 年 61.8％的比重。如万向集团技术中心 2013 年的科技活动经费支出总额为 33.7 亿元，其中 R&D 经费支出约为 31.3 亿元，占比约 92.9％；吉利集团技术中心 2013 年的科技活动经费支出总额约为 14.6 亿元，其中 R&D 经费支出约为 13.0 亿元，占比高达 89.2％。

3. 创新能力持续提升，企业实力不断增强

各级企业技术中心企业通过加大科技投入，从完善研究、试验、检测设施为基础，突破关键技术，创新能力不断提高，新产品开发和设计能力大幅提高，测试手段渐趋完善，各种新技术、新工艺大量应用，促进了企业的发展。如表 1-7 和图 1-2 所示，2012 年，全省省级企业技术中心所在企业新产品产值率达到 48.11％，比 2010 年提高近 5 个百分点；新产品利润率达到 49.81％，比 2010 年提高 2 个百分点。不少企业的产品在国际、国内市场占有重要地位，一些产品达到了国际同类产品的先进水平。如正泰集团股份有限公司和德力西集团有限公司在全国低压电器行业和低压成套开关设备行业中产销位居前列；浙江阳光集团股份有限公司年产一体化电子节能灯超过 2.5 亿只，成为全球最大的一体化电子节能灯生产制造基地；浙江新和成股份有限公司维生素 E、维生素 A 等产品的产销量和出口量居全国第一位；万丰奥特控股集团成为亚洲最大的汽车车轮生产基地。

表 1-7 省级企业技术中心新产品产值率和利润率情况

年份	2010 年	2012 年	2012 年新认定
新产品产值率	43.31％	48.11％	71.46％
新产品利润率	47.40％	49.81％	73.26％

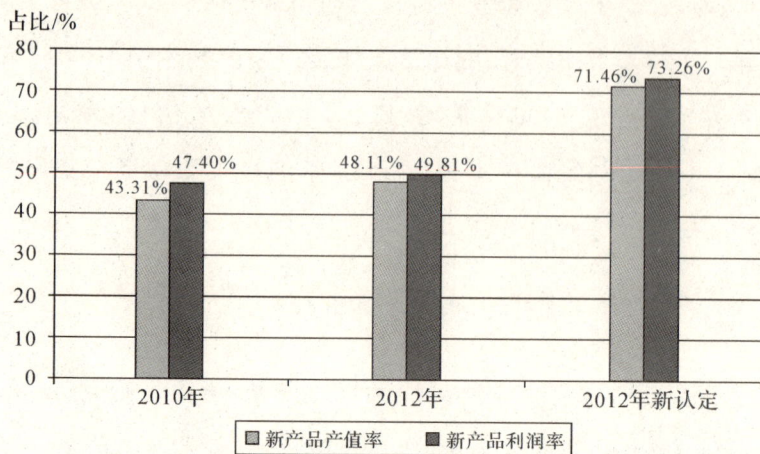

图 1-2　省级企业技术中心新产品产值率及利润率情况

4. 创新团队持续壮大,人才结构不断完善

企业技术中心持续增加的研发投入为技术中心招募高层次的研发人才、壮大研发人才队伍、完善人才结构等提供了坚实的资金保障,即使在金融危机的影响下,也未曾放慢人才扩张的步伐(见表 1-8 和图 1-3)。

表 1-8　国家认定企业技术中心人才基础情况　　　　单位:人

年份	2009 年	2010 年	2011 年	2012 年	2013 年
科技活动人员数	34331	45766	53759	66887	77956
R&D 人员数	18110	25402	29761	39432	45912
有高级技术职称	2366	2980	3624	5166	6374
有博士学位	421	635	757	875	1062

首先是技术中心的研发人才队伍迅速扩大。自 2009 年以来,国家认定企业技术中心的科技活动人员数增加了 127.1%,其中 R&D 人员数量增加了 153.5%;拥有高级技术职称的高级人才增加 169.4%;拥有博士

人才/人

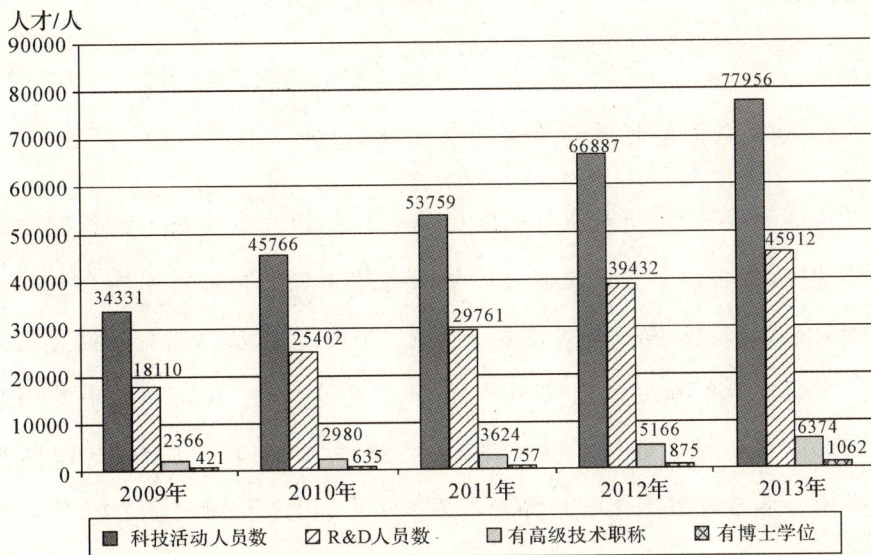

图 1-3　国家级企业技术中心人才基础情况

学位的高级人才增加 152.3%。如万向集团技术中心 2013 年的科技活动人员数增至 5430 人，R&D 人员增至 2611 人，拥有高级技术职称的人员增至 188 人，拥有博士学位的人员增至 34 人，分别比 2010 年增加16.2%、166.4%、15.1%、21.4%。

其次是技术中心人才结构的持续优化。虽然本科学历研发人员依然是企业创新团队的主要力量，但是越来越多的拥有高级技术职称和博士学历的高层次研发人才进入企业技术中心，以技术带头人的身份引领、指导其他技术人员开展活动，极大地增强了技术中心的技术实力与创新能力。2009 年到 2013 年间，技术中心 R&D 人员占科技活动人员数的比重从 52.8% 增加到 58.9%；拥有高级技术职称的高级人才占科技活动人员数的比重从 6.9% 增加到 8.2%；拥有博士学位的高级人才占科技活动人员数的比重从 1.2% 增加到 1.4%。如吉利集团技术中心 2013 年的科技活动人员较之 2010 年，R&D 人员比重从 79.2% 升至 89.0%，高级技术职称人员的比重从 5.0％升至 5.8％,拥有博士学位人员的比重从 1.2％升至 1.3％。

5. 创新合作显著增长,技术开发成果累累

与高等院校、科研院所开展产学研合作是提高企业技术创新能力的重要手段,各企业十分重视通过产学研合作来加强企业技术中心基础建设,利用高等院校、科研院所的科技人才、先进研发设备,与企业拥有的关键技术研发设备和测试仪器相结合,开展科研、产品开发和成果应用研究。2012 年省级企业技术中心对外合作项目为 3.3 项。此外,2012 年来技术中心从事开发工作的外部专家为 7.7 人,相比于"十一五"末,均有大幅提升。

浙江新和成股份有限公司通过与中科院、浙江大学、兰州大学等科研机构或高等院校合作建立了较完善的技术研发、设计、试验队伍,为企业发展提供技术保障;浙江升华拜克生物股份有限公司与浙江工业大学、华东理工大学合作,先后开发了几十个新产品进入中试及大生产,销售收入超过 2000 万元;杭州制氧机集团有限公司通过与大专院校合作和引进技术消化吸收,掌握了第六代大中型空分设备的关键技术和自主知识产权,缩小了我国与世界先进空分设备制造商之间的技术水平差距,同时与西安交大合作的大型制氧装置高效板式冷凝蒸发器项目获国家技术发明二等奖;浙江海正集团有限公司通过不断投入,拥有了一批达到国际先进水平的仪器装备,企业技术开发仪器设备原值超过 1.3 亿元。

6. 创新理念深入人心,产权意识明显增强

企业重视和谐发展、科学发展,重视环境保护,在加大科技投入、积极开发产品、尊重他人知识成果的同时,也注重自身知识产权的保护。2012

年，省级企业技术中心平均受理的专利申请数为 10.25 件，平均受理的发明专利申请数为 2.51 件，平均拥有发明专利数 4.32 件，高于往年的发展水平。在 2012 年新认定的省级企业技术中心中，平均受理的专利申请数、发明专利申请数和拥有发明专利数分别为 9.53 件、2.88 件和 2.67 件。尤其是受理发明专利申请数达到了历史新高。如浙江新安化工集团股份有限公司拥有发明专利数为 35 项，其中拥有自主知识产权的回收草甘膦副产品氯甲烷用于有机硅单体合成专利技术成果获国家科技进步二等奖，从源头上解决了两个产品生产的环境污染问题；浙江禾欣实业集团股份有限公司实行 PU 合成革清洁生产和环保技术开发，通过吸收消化国际先进技术，将 PU 合成革生产废气中的二甲基甲酰胺（DMF）加以回收，回收率达到 99%，节约能源 30%。

創新二十年
——浙江省企业技术中心发展之路

INDUSTRIAL INNOVATION

第二篇　产业变革之路

如何给"创新"定下一个适于不同产业发展的定义？这是浙江孜孜不倦，始终摸索前行的问题。就此引申开来的疑问句还有很多。"舶来品"是否就是最新？产品创新难道就代表了全部？新兴产业如何来体现创新？还有，不同行业的创新能力如何评价？

上述问题将在本篇一一解答，需要强调的是，在探索企业技术中心建设适于制造业的过程中，浙江省首开先河，将该模式引向建筑业及高技术服务业。

1998 年至 2010 年间，基于制造业的浙江省《企业技术中心评价指标体系》完成四次修订；2008 年，《浙江省省级企业技术中心（建设）管理办法》问世；2012 年，浙江省高技术服务业创新能力评价指标体系被正式利用于该领域的企业技术中心建设。三大产业的相关体系建设完备，也标志着除了在横向行业上的扩展，企业技术中心建设也在向规范化和深度推进。

一、制造业——当"区域特色"不再特色

制造业是指对采掘的自然物质资源和工农业生产的原材料进行加工或再加工,为国民经济其他部门提供生产资料,为全社会提供日用消费品的社会生产制造部门。作为衡量国家综合实力和国际竞争力的重要标志,制造业是浙江工业化和现代化建设的发动机和主力军。将浙江省打造成为先进制造业基地,是中共浙江省委、省政府确定的事关工业化和现代化全局的战略任务。

就浙江省省情而言,制造业发达一直是浙江经济的显著特色。改革开放以来,浙江从一个资源小省发展成为经济大省,制造业的快速发展功不可没,发挥了不可替代的主要作用。全省规模以上制造业企业无论是在工业增加值、出口交货值以及全部工业对全省 GDP 增长的贡献率上,都起着引领全省经济发展的支柱作用。浙江省的制造业不是某个单一类型的产业,而是包含多个不同类型的产业,也可以说是具有浙江制造业"区域特色"——以劳动密集型产业为主导,高新技术产业与重化工业并存。作为关系国计民生的传统行业,随着国际市场的不断开放以及产业转型升级的需求不断增强,浙江省制造业要继续保持又好又快的发展势头,就越来越依赖技术创新来取得核心竞争力。

要扶持和促进浙江省制造业的发展,必须首先对行业特征和企业发展水平有清晰准确的认识,以及科学有效的评价。面对制造业的创新工作亟需扶持与引导,而现行创新能力评价体系又存在缺陷的情况,构建符合制造业创新特征和中国企业发展现状的评价指标体系和操作方法,是成为促进高技术服务业创新发展工作的重要抓手。

(一)浙江省工业企业的发展现状与问题

改革开放后,加快工业化构成了浙江国民经济发展和现代化建设的主线。在浙江省工业化和现代化建设伟大成就中,最炫目夺彩的莫过于制造业迅速崛起。这较快地实现了"工业小省"到"工业大省"的重要跨越,很大程度上实现了浙江省工业社会的历史性转变,较显著地增强了全省综合实力,并提高了浙江省人民生活水平。

从量上看,制造业作为先进生产力的集中体现,是浙江省经济起飞的首要动因。首先,浙江省制造业总量规模不断壮大,带动就业快速增长。2012 年,浙江省规模以上制造业产值高达近 5.46 万亿元,制造业的工业增加值十年内的平均增长率约为 26%。截至 2012 年,制造业注册企业单位数量达 35872 家,占全部工业企业的 98.29%;全部从业人员达704.87 万人,为促进浙江省人口就业发挥了巨大力量。其次,浙江省制造业成为经济增长的主要动力,在国民经济中的地位举足轻重。2012年,浙江规模以上制造业企业利润达 2830 亿元。可见,制造业已成为浙江经济增长的主要支撑。最后,研发能力增强,新产品销售收入提高。由2008 年经济普查数据可知,浙江规模以上制造业企业研究与试验发展(R&D)支出 274 亿元,比 2004 年经济普查时增长 2.1 倍,平均增速达

33％,投入强度(R&D 支出占主营业务收入的比例)为 0.74％,比全国高
0.16 个百分点。

但是,浙江省制造业总体上依然存在着产业层次较低、技术创新能力
较弱的不足,尤其是在人口密度高、环境容量小、经济总量大、资源自给率
低的可观条件下显得尤为突出。随着短缺经济结束、消费升级和参与国
际分工与竞争程度提高,制造业的结构和素质与之不相适应的矛盾愈益
明显。主要表现在以下三个方面:

第一,产业高度化不足,制造业二元结构现象较为突出。大量较传统
的产业与部分较现代的产业并存,低水平加工业比重过高与高加工度产
业成长不足并存,一般产品生产能力过剩与高技术含量、高附加值产品供
给不足并存;具有国际竞争力的主要是劳动密集型产业,资本和技术密集
型产业普遍缺乏国际竞争力,造成工业增加值率偏低。目前发达国家工
业增加值率一般可达 50％以上,而浙江省只有 23.8％左右。

第二,产业技术水平较低。制造业技术创新能力不强,技术开发投入
不足,科技成果向现实生产力转化的有效机制尚未真正形成。发达国家
制造业研发费用平均可达销售收入的 3％以上,而浙江省企业整体不到
0.6％,高新技术产业也只有 1％。对引进国外先进设备的消化吸收、系
统集成和自主创新不足,企业主导产品以引进和模仿为主,不少企业存在
着"一流设备、二流管理、三流产品"的现象,难以摆脱"引进—落后——再
引进—再落后"的怪圈。

第三,产业组织化程度不高。浙江省产业组织结构尚不合理,缺少产
业关联度大、带动力强的大企业和大型企业集团,大量中小企业没有进入
大企业的产业链,导致大中小企业在专业化基础上的分工体系不完善。
同时,由于缺乏大型优势企业的示范、带动和整合,中小企业普遍没有从
事高质量的制造,技术水平和产品档次较低,对制造业的整体竞争力提升

带来影响。

（二）浙江省工业企业技术创新特征

伴随着改革的不断深化,浙江制造业不断发展壮大,经济实力不断增强,在全国国民经济中的地位进一步提高。从浙江省工业企业发展的纵向历史看,浙江省制造业的结构变动经历了三大阶段:

第一阶段是 20 世纪 20 年代末期至 70 年代末期,即以优先发展重工业为战略,重在填补产业空白,实现计划配置导向下的结构变动阶段。此阶段出现了两次建设高潮:第一次是 20 世纪 60 年代初,以杭州为重点沿浙赣线建设了一批机械、化工、冶金等骨干企业,为浙江的重工业发展奠定了基础;第二次是 20 世纪 70 年代末,以宁波为重点的沿海重工业建设,同时强调发展地方工业。

第二阶段是 70 年代末期至 90 年代末期,即重在发挥区域产业优势,鼓励轻工业更快发展、相应加强基础工业,产业资源的配置从计划导向转到市场手段为主的结构变动阶段。

第三阶段是浙江省委、省政府按照十六大的战略决策,结合浙江实际,以增强综合实力和国际竞争力为主要目标,以信息化带动工业化、工业化促进信息化、走新型工业化道路为导向,在 2003 年出台了全国第一部先进制造业基地建设规划纲要——《浙江省先进制造业基地建设规划纲要》,作出了打造"浙江制造"新优势的战略部署。这个阶段浙江省重点发展特色优势产业、培育战略产业,充分发挥市场配置资源的基础作用,不断拓展产业领域和产业规模,产业结构不断升级。

制造业自身的特点决定了其技术创新与其他产业的巨大不同,通过

对现有文献的梳理和制造业企业调研,可归纳为以下浙江省制造业企业技术创新的特点:

第一,创新过程中充分发挥以民营经济为主体的机制优势。改革开放以来,浙江省坚持以公有制为主体、多种所有制经济共同发展的基本经济制度,充分尊重和发挥人民群众的首创精神,解放思想、实事求是、积极探索、大胆实践,有力地促进了民营经济的持续、快速、健康发展。

第二,打造区域创新体系,形成以块状经济为载体的集聚优势。俯瞰浙江大地,成千上万的中小企业并非彼此孤立离散,而是紧密簇拥抱团,构成了大小规模不等的区域特色产业集群,形成了小企业、专业化、大协作的聚集效应,并在集群内形成了以专业市场为依托的营销优势。起步于20世纪80年代初的浙江专业市场在经济发展中有举足轻重的地位,它带动了周围生产企业群体的发展,逐步形成了覆盖全国、辐射全球的商品营销网络。与此同时,通过专业市场的运作,各种生产要素和产品实现了充分的流通,资源的配置效率大大提高,形成了专业市场和专业化产业互为依托的格局。

第三,企业技术创新高度重视产学研合作。中小企业是浙江制造业的主体,产品科技含量低一直是中小企业面临的主要问题,但是由于其经济实力和规模等条件限制,高度依托浙江省高校、科研机构丰厚的研发实力,是短时间内促进中小企业的技术创新能力的有效手段。在企业发展壮大过程中,浙江省各类高校和科研机构扮演着科技企业孵化器的重要作用,积极培育和发展技术市场上的科技成果转化载体,成功发挥了区域科技创新服务中介的作用。深化企业与高校、科研机构的紧密合作,使得高素质的人力资源、良好的产业配套设施得到了有机融合,探索了资本和知识的最佳结合点,促进新知识、新技术向现实生产力高效转化。

（三）浙江省工业企业技术创新能力评价

纵观浙江省工业企业技术创新能力评价工作的发展道路，20多年间经历了四次重要改革。随着浙江省工业企业技术中心评价指标体系的不断修订，浙江省工业企业技术中心建设得到进一步规范和加强，工业企业技术创新能力评价工作逐步完善。

1998年颁布的浙江省《企业技术中心评价指标体系》，详细阐述了浙江省工业企业申报技术中心评价的指标体系，标志着浙江省工业企业技术中心评价规范化起步。此次指标体系秉承简单、实用、可操作性强、反映技术中心基本情况的宗旨，坚持"三结合"原则——定量评价与定性评价结合，横向比较与纵向比较相结合，评价技术中心与考核企业相结合。在具体评价细则中，以数量提升向质量提高转变为目标，着重于引导企业主体、协同创新以及开放创新。

随着浙江省工业化脚步的不断加快，为进一步建立和完善企业的技术创新体系，提高企业的技术创新能力，根据国家经贸委《关于加强国家重点企业技术中心建设工作的意见》精神，浙江省于2002年对技术中心评价指标体系进行较大调整。一是评价内容更多、更具体，评价体系的可操作性更强。如对创新能力的评价，将过去的超前研发能力和自主研发能力指标改为中长期项目经费支出比例、是否拥有关键技术知识产权和自主技术在主导产品中的比重。二是增加对技术研发人才培养和实验室建设的投入相关评价指标的重视，如在科技人才队伍建设方面，新增了对国内外培训费用和海外技术交流人次的考察以及提高实验室建设所占的权重。这次改革大大提升了浙江省工业企业对科研队伍建设和科技研发投入方面的重视程度,很好地引导技术型企业向知识经济时代的要求靠拢。

　　由于前两次的评价指标体系大部分基于大型工业企业进行制订,与浙江省以中小企业居多的现状有所出入,浙江省于 2005 年完善并修订了国家标准与地方产业特色相结合的新体系。此次修订突出了三点:一是高度重视浙江省工业企业的产学研发展,增加了协作研发合作的考量;二是增加了学习和培训方面的指标,针对浙江省中小企业组织学习能力强的特点,期望以指标为引领来更好地撬动产业能力发展;三是申报门槛对小企业放开,使得富有特色的创新企业拥有更多的机会。这次指标体系改革大大激发了浙江省工业企业产学研的热情,开始将培训和人才教育培养成为企业创新能力培养的重要机制,在此之后涌现的大量创新能力方面表现出色的企业纳入了更高层次的发展平台。

　　2010 年,在建设浙江省企业技术中心的过程中认识到,2005 年指标体系建设降低中小企业申报门槛带来的企业数量扩张需要转为对其质的提升方面的掌控。因此,此次修订重点在如下三方面:首先,进行了申报企业资质审核门槛数量的增加和门槛值的提高;其次,完善了"人才激励机制"、"科技人才培养"、"对外合作机制"、"创新条件建设"的指标设计,促进企业技术创新的全方位提升;第三,采用"一票否决权",将企业在海关税务等方面的违法成本大大提升。2010 年的这次指标体系的改革一方面促进了浙江省企业技术中心建设从量的扩张向质的提升发展,保证了企业对自身的高要求也为进一步增强浙江省企业自主创新能力奠定了基础,另一方面充分展示了省级企业技术中心在提升产业竞争力和代表产业健康发展方面的引导与示范作用。

（四）浙江省工业企业技术中心创新能力评价工作

为建立和完善企业技术创新体系,提高企业的技术创新能力,发挥省企业技术中心在技术创新体系和企业创新能力建设中的引导与示范作用,省经信委同省财政厅、省国税局、省地税局、杭州海关等部门出台的管理方法以及企业技术中心评价标准,有效地对浙江省工业企业技术创新能力发展指明了道路,同时也成为促进浙江省产业结构优化升级的有效途径。基于对被认定的浙江省省级技术中心代表企业的样本分析,可以看到经过近些年来的发展,浙江省工业企业在创新能力建设方面取得了以下进展:

第一,企业技术创新体系建设得到推进。通过组织开展企业技术中心工作,指导和帮助企业积极申报省级和国家级工业企业技术中心、国家技术创新示范企业等。2013年,浙江省共有国家认定企业技术中心8家,其中钱江摩托和华海药业的研究院被评为省重点企业研究院,浙江吉利控股集团有限公司被工信部认定为国家级技术创新示范企业。这些工业行业的龙头企业不仅加强企业技术中心建设,还培育面向广大中小企业的各类公共技术服务平台。

第二,企业技术中心培训工作开展良好。浙江省始终将培育工作作为企业技术中心建设的重要方面来抓,在组织申报、实施省级企业技术中心创新能力建设项目,指导企业开展国家级技术创新示范企业建设过程中发挥了突出作用。

2013年以来,杭州市经济和信息化委员会与杭州市工业经济培训中心联合举办了两期培训,近400人参加;组织企业参加"2013年度国家认定企业技术中心暨省级高技术服务企业技术中心申报评价培训班",并进行面对面的指导帮助,取得了很好的效果。

第三,企业技术创新项目建设和新产品开发工作稳健发展。通过组织实施浙江省重点技术创新项目计划,企业技术中心创新能力建设明显加强。同时,国家重大技术创新、应对技术壁垒、高新技术产业化、物联网技术应用等项目的申报与实施工作快速发展,工业新产品新技术开发步伐不断加快,推动了工业产品升级和产业转型。仅以宁波市为例,截至2013年,全市共有45个项目列入2013年省重点技术创新专项计划,累计有136项工业新产品(新技术)通过省经信系统的网上备案,62项新产品(新技术)通过了专家鉴定,技术水平达到国际先进或国内领先。2013年1—10月,宁波全市规模以上工业实现新产品产值788.5亿元,同比增长16.6%,有力地推进了工业创新转型。

第四,产学研深度融合得到积极推进。随着工业企业技术中心的不断实践和完善,浙江省工业企业纷纷加强与科研院所的联合合作,共建创新载体,推进科研成果的产业化,加快产学研联合创新。充分利用长三角地区丰富的高校和研究院资源,组织召开校企项目合作对接会,引进高校专家帮助企业解决关键技术难题。近年来,通过深化官产学研四位一体的合作模式进一步架起产学研、政研企、公共服务平台与企业沟通合作的桥梁,推动科研成果的产业化应用,更好地发挥了工业企业对浙江省经济的支撑作用。

二、建设行业——支柱产业摒"旧"向"新"

本文所称建设行业主要是指建筑业,还包括建筑设计业、建筑安装业、建筑机械和建筑材料业。其中建筑业是重点。建筑业统指建筑安装工程作业等,包括建筑、安装、修缮、装饰和其他工程作业共 5 项内容。建筑行业是关系国计民生的传统行业,与其他行业的企业一样,同样越来越依赖技术创新来取得核心竞争力。然而建筑业本身的特征为建筑业技术创新带来了一定的挑战,如建筑行业属于非垄断性行业,行业规范性明显,建筑企业创新动力不足;建筑行业历史悠久,建筑技术外部性明显,建筑企业突破式创新困难;建筑活动具有季节性与区域分散性,导致创新也具有季节性和分散性;建筑企业产值利润率低,科技投入相对值低,科技投入相对就较低;建筑企业项目导向性突出,企业创新体系建设困难等。

就浙江省而言,建筑业一直是浙江省国民经济的支柱产业,建筑业生产总值逐年上升,利税总额始终排名全国领先。截至 2011 年,浙江省建筑业完成总产值 14907.4 亿元,建筑业增加值达到 1869 亿元。近 12 年来,浙江省建筑业企业生产总值占浙江省生产总值比重始终在 5% 以上,最高时达到 6.52%,已经连续 10 年位居全国前列。但长期以来,浙江省建筑行业以劳动密集型为主,其科技活动特征与机械、电子等行业相比具有差异性,且创新成果相对较少,与国际甚至国内一流建筑企业相比,差距较大。随着建筑市场的不断开放与产业不断升级,浙江省建筑业要缩小与发达国家的技术水平差距,构筑自主创新能力十分重要,而且迫切。

要扶持和促进建筑业企业的创新能力的发展,必须首先对行业特征和企业发展水平有清晰准确的认识、科学有效的评价。面对建筑业企业的创新工作亟需扶持与引导,而现行创新能力评价体系又存在缺陷的矛盾,构建符合建筑业企业创新特征和中国企业发展现状的评价指标体系和操作方法,将成为促进建筑业创新发展工作的重要抓手。

(一)浙江省建设行业的发展现状与问题

近几年,浙江以强省战略为引导、以机制创新为抓手、以自主创新为先导、以关注民生为重点,建筑业保持了健康的发展态势。建筑业已经成为浙江省国民经济的支柱性产业、富民安民的基础性产业、科技进步的新型产业、文明建设的窗口性行业。目前浙江省建筑业发展状况主要体现在以下几方面:

1. 总体规模逐年递增,产业结构仍显单一,制约了创新能力突破

2010年,浙江省建筑业继续保持快速、健康的发展态势,建筑业总产值首次突破1000亿元大关,达到1208.7亿元,提前实现"建筑强省"的产值规模目标。建筑业从业人员首次超过550万人,百亿元企业数量达到6家以上,主要经济技术指标继续保持全国前列。然而,从建筑业增加值比例来看,房屋和土木工程建筑业总产值13907.4亿元,占建筑业总产值93.29%,其中,房屋工程建筑业占浙江省建筑业总产值75.31%,遥遥领

先于其他领域；土木工程建筑业占浙江省建筑业总产值 17.98％。目前规模较大的特级资质企业其施工内容也主要集中在房屋和土木工程，仅个别企业从事其他种类如水利工程、交通运输设备安装等工程作业，还有部分建筑施工种类企业存在空白。这些数据充分说明浙江省的建筑企业在规模不断扩大的同时，产业呈现单一集中、不够多元的结构态势，这对浙江省建筑企业未来整体竞争力的提升形成了挑战。而正是这样的产业结构导致新兴建筑行业产业基础薄弱，创新空间受限，创新模式单一，由此制约了浙江建筑业创新能力的提升和突破。

2. 超亿元企业数量多，中小规模企业比重大，制约了产业创新基础的构筑

2011 年，浙江省建筑业总产值超过亿元的建筑企业已达 1911 家，占全省建筑企业的 36.4％，比上年增加 178 家。其中产值超 10 亿元的骨干建筑企业 279 家，比上年增加 54 家，但是总产值超百亿的企业只有 15 家，由于建筑行业的特点，大量的高比例小规模企业没有资金、没有人才，也没有很好的规模来支撑创新。由于企业规模小、利润低，大量中小规模企业的存在对创新的动力不足，创新能力形成受到制约，主要表现在：一是创新投入有限，二是创新人才不足，三是产业创新空间有限，制约了产业创新基础的构筑。

3. 施工质量稳步提高，创新管理重视不足，制约了创新发展格局的形成

在 2012 年的调查中，2010 年至 2012 年三年中，浙江省建筑业企业获得省级奖项数量（钱江杯、绿色建筑创新奖）共计 874 项，平均 15.3 项；省级示范工程数量（新技术、建筑节能、可再生能源等）共计 277 项，平均

4.9 项;获全国建筑业有影响的应用示范工程和其他有特色的工作共计 123 项,平均 2.2 项。然而,从已申报技术中心的 57 家建筑企业来看,真正建立了创新研发体系的数量还很少,只有中天、宝业、广厦等不超过 5 家。可见,企业对建筑业技术创新的重视程度不足,人才管理、财务管理、创新绩效考核等都还存在欠缺,需要进一步提升,且需要加快浙江省建筑业企业创新体系建设的宣传和推广。

可见,在浙江省建筑业发展取得的一系列骄人成绩的背后,也存在着一些突出的问题。建筑业的发展对于浙江省经济的发展至关重要,然而与其在国民经济中的重要地位相比,浙江省建筑业的科技创新方面的指标却显得并不匹配。在“创新驱动发展”的大格局下,建筑业又属于传统产业,创新能力不强、创新投入不足、创新体系不健全、创新模式不完善等问题,在建筑行业中明显存在。对比江苏,浙江省建筑企业若要保持领先地位,必须在拓展产业空间、优化结构、提升创新能力上有新思路、新战略、新体系。在 2007 年之前,我国还未有针对建筑业创新能力评价的完善的指标体系,无法满足浙江省对建筑业企业创新能力建设的急迫要求,这对政府扶持建筑业企业创新能力建设带来了机会不公平、抓手不明确的政策瓶颈。为此,对浙江省建筑业企业技术创新特征的分析、技术创新能力的评价是提升建筑业自主创新能力的建设、促进建筑业结构升级的首要步骤,也是继续保持浙江省建筑业在全国的持续竞争力,促进浙江省经济发展面临的一个重大课题。

(二)浙江省建设行业企业技术创新特征

建筑业自身的特点决定了其技术创新与一般工业企业的技术创新存

在着很大的不同。通过对现有理论文献的梳理和企业调研，可以总结出以下五方面建筑企业技术创新的特点：

第一，创新管理体系多呈现分布式特点。相对于工业企业集中的科研中心，建筑企业技术创新的体制显得更为松散，一般采取总部——区域——具体项目的层级式分散化技术管理体系。该体系一方面是适应建筑市场高度分散化的特点，将技术负责人落实到各个市场的每一个项目；另一方面是建筑业所需解决的现实问题所决定的，技术人员只有深入到每一个项目中去，才能发现问题，从而分析问题、解决问题。这种体制的弊端是，企业缺少相应的技术储备，往往会遇到一些自身技术力量无法解决的难题。更重要的是，在这种体制下，企业疲于应付目前遇到的问题，而不重视将来可能需要的技术，常常陷入被动的局面，不利于技术能力的提高和技术实力的推进。

第二，产品创新和工艺创新呈现不可分割性。建筑产品的创新需要新的工艺流程来实现，工艺流程的改进服务于建筑产品的创新。建筑业的主要产品是新建筑物。一般而言，在建筑业中能称得上新产品的建筑物，在设计理念、整体结构、建材质量等方面具有突出的表现，往往需要建筑施工企业开发新的工艺流程来实现建筑物整体的创新。可以说，建筑业的产品创新必定包含了建筑施工企业的工艺流程创新，但工艺流程的创新并不一定能够在建筑产品中得到体现。一方面是因为建筑业的新产品有严格的要求，只有对整个建筑物有了明显的提升才可能获得新产品的称号；另一方面，由于一个工程项目的建造过程中包含了众多的工艺流程，单个工艺流程的创新相对独立。

第三，企业技术创新投入以项目为依托。建筑企业以项目制的管理模式，客观上引致了创新投入是以项目为依托的格局，这种存在方式的合理性主要表现在创新以项目为主体，项目人员核算比较明确，创新成果和绩效衡量明确。这样,建筑业中的工程项目成了企业技术创新的依托,能够确保技术创新活动顺利开展的最主要的两项资源——人员和经费,在项目中产生也在项目结束时解体。其优点在于,能够充分利用现有技术人员的优势,根据项目的需求充分整合人力资源,以达到解决实际问题的需要。其缺点在于,技术创新的人力投入和资金投入不能得到有效的保障。换言之,技术创新的体系没有从项目工程中独立出来,缺乏自身的机制约束和体系保障。

第四,渐进式创新比重较高。首先,建筑技术本身容易被模仿和修改。当一项新的工艺被发明出来,很可能成为新的行业标准,扩散到其他企业中去。这样在建筑行业形成了一个共同的技术基础。行业内的企业在这个技术基础上不断进行改进,创造出新的工法和行业标准。其次,建筑技术的改进依托于具体的问题。往往是施工现场遇到了原有的技术方法解决不了的问题,然后再求助于技术人员,对现有的问题进行研究提出改进方法。最后,建筑企业的技术改进不是对技术本身的一种改变,很多时候是通过对不同技术的整合和综合运用来解决特定的问题。因此,建筑业企业普遍存在缺乏发明专利、对原创性技术投入不足的问题,而更多的是针对具体问题的工艺流程改进和各种新技术的整合利用。

第五,创新可能性与应用性多样化。一项建设工程的完工,往往涉及到诸多单位,包括开发单位、设计单位、施工单位、监理单位等,其中施工单位中还分总承包单位、专业分包单位等,同时一项建设工程也需要大量的时间,在工程的设计、施工阶段等每一个不同的阶段都可能产生技术创新过程。建筑企业的每一个新的建筑项目本身都是一个前所未有的新产品,与一般制造业定义的新产品不同,建筑业每个项目都可能包含着各种创新,比如创新使用新的应用材料、新功法、新工艺、新的节能技术、新的环保技术等等,创新可能性非常多。同时,这些创新项目可以同时被应用到建筑业的其他项目,具有非常广泛的应用性。

创新的主体是企业,对于建筑业也同样如此。多年来设计与施工的分离使得建筑施工企业一般缺乏创新资源,不具备综合研发能力。再加之建筑行业本身的特点,使得建筑技术创新的问题更加突出,无法用工业企业技术中心的标准来评价和引导建筑企业的技术创新工作。如何建立一套适合建筑企业技术创新特点,能够促进建筑企业技术创新体系的建立,并引导建筑企业深入开展技术创新活动的指标评价体系成为当前亟需解决的问题。

(三)浙江省建设行业企业技术创新评价指标体系

就建筑业企业的行业地位而言,对建筑企业技术中心进行评价,引入优胜劣汰机制是引导建筑企业技术中心健康发展的保证。由于当前我国现有的技术中心评价体系主要以制造业企业为对象,而建筑业有不同于制造业的许多特点,现有技术中心评价体系可能并不适用于建筑业。因此,如何提出一个既符合建筑业特点又符合国家和地方各部门对技术中心建设要求的评价体系就显得十分必要。

针对浙江省建筑业创新能力评价的迫切需求,浙江省于2007年率先由省经贸委技术进步与装备处、省建设厅勘察设计处与浙江省建筑业管理局共同牵头开始探索建筑业企业创新能力评价的工作。课题组首先主要围绕特级资质的建筑企业展开调研,覆盖杭州市、绍兴县、宁波市、台州市。调研对象包括公司董事长、总经理、总工程师、办公室主任等。由于调研的初步性,调研过程采用半结构化的访谈形式进行,既保持了问题的开放性,又对访谈过程有所控制。调研的主要内容涉及企业简介、企业技术管理体系、科技活动人员、科技活动经费、企业技术中心建设情况以及对《浙江省省级技术中心管理办法》中企业技术中心评价的建议。同时梳理了各种书面资料，在调研以及对以往课题对我国建筑业企业的技术能力评价的分析基础上形成了对浙江省建筑业企业的技术创新能力评价指标体系（见表 2-1、表 2-2）。

表 2-1　浙江省建筑业企业创新能力评价参评企业认定基本门槛指标

门槛指标	具体操作
研发经费总额	不低于企业销售收入的 0.3%，且中心财务实行单独核算。
结算收入	建筑与房地产企业当年结算收入不低于 15 亿元；勘察设计企业当年结算收入不低于 1 亿元。
科技人员比例	具有高级技术职称的工程技术人员占中心职工总数的 30% 以上；建筑企业一级注册执业资格的工程技术人员，或房地产、勘察、设计等企业具有一级注册执业资格或高级职称以上的工程技术人员数量应不少于 50 个。

表 2-2　浙江省建筑业企业创新能力评价通用指标体系

一级指标	二级指标	权重（分）	三级指标
体制与机制（35 分）	技术创新体系	10	(1)企业技术创新战略制定与实施效果 (2)技术中心组织结构建设情况 (3)产学研合作机制与运行效果
	科技投入机制	10	(4)科技活动经费投入预算制度及落实情况 (5)科技活动经费支出额占产值比例（%）
	人才激励机制	5	(6)工程技术人员年人均收入与企业所有员工年人均收入之比 (7)企业设立科技奖励基金
	科技人才培养	4	(8)工程技术人员国内外培训费占科技活动经费比例（%） (9)工程技术人员参加国际技术交流人次与工程技术人员人数之比（%） (10)工程技术人员参加国内技术交流人次与工程技术人员人数之比（%）
	外部资源利用	6	(11)近三年与高等院校、科研院所合作开发的项目数 (12)产学研项目经费占全部科技活动经费的比例（%） (13)近三年企业与国际机构合作开发项目数

续表

一级指标	二级指标	权重(分)	三级指标
实力与能力(20分)	创新队伍建设	10	(14)企业一级注册职业资格人员数量 (15)中心高级职称人员占工程技术人员比例(%)
	创新条件建设	10	(16)科技仪器设备原值(万元) (17)企业信息化建设与运行情况
产出与效益(45分)	技术创新产出	30	(18)近五年获得授权专利数 (19)近三年省级工法数量 (20)近三年完成省级以上科研项目数 (21)近三年参编过工程建设国家、行业标准或主编省地方标准 (22)近三年省部级科技进步奖
	创新效益	15	(23)近三年省级用示范工程(新技术、建筑节能、可再生能源等) (24)近三年获得省级奖项数量(钱江杯、绿色建筑创新奖) (25)产值利润率(%)
加分扣分	加分		(26)近十年获国家自然科学奖、技术发明奖和科技进步奖 (27)近十年通过国家认证的实验室数 (28)近十年国家级工法 (29)近五年内授权发明专利数 (30)近五年詹天佑奖、鲁班奖、国家优质工程奖 (31)近三年获全国建筑业新技术应用示范工程 (32)近三年获全国科技、或建筑节能、可再生能源应用示范工程
	扣分		(33)企业经营亏损 (34)近两年发生较大生产安全事故和两起以上一般生产安全事故的

(四)浙江省建设行业企业技术中心创新能力评价工作

浙江省经济贸易委员会和浙江省建设厅于 2008 年初首先出台了《浙江省省级企业技术中心(建设)管理办法》(浙经贸技术〔2008〕273 号),开始开展建筑业企业的技术中心评价工作。2008 年 4 月 29 日,第一批 8 家建筑业企业省级技术中心由浙江省经贸委和浙江省建设厅进行了首批认定并授牌。

为进一步增强浙江省建设行业企业自主创新能力,加快建立以企业为主体、市场为导向、产学研相结合的技术创新体系,充分发挥省级企业技术中心在促进全省产业结构调整和提升产业竞争力中的带动作用,规范和加强建设行业企业技术中心认定、评价管理工作,省经信委会同省建设厅、省财政厅、省国税局、省地税局和杭州海关等部门于2010年新修订了《浙江省建设行业企业技术中心管理办法》(浙经信技术〔2010〕143号)。

截至2014年底,浙江省共认定了81家省级建设行业企业技术中心,基本囊括了浙江省建设领域的龙头企业,其中绍兴市作为浙江省著名的"建筑大市",共拥有20家省级建设行业企业技术中心,占全省总数的25%,宁波、杭州、台州、金华、省属也都有超过7家企业获得省级认定(见表2-3),从设定的14大行业(含建设行业)的企业数量分布来看,建筑业企业省级技术中心占10%。浙江省在建筑行业省级技术中心和国家级技术中心评估和建设中走在全国前列。

表 2-3 各地区省级建筑业企业技术中心地区分布情况

地区	杭州	宁波	温州	嘉兴	湖州	绍兴	金华	衢州	舟山	台州	丽水	省属	合计
数量	10	13	6	4	3	20	9		1	9		6	81

基于对2007—2014年间被认定为浙江省省级技术中心的81家具有代表性、典型性的建筑企业进行的样本分析,可以看到经过近几年的发展,浙江省建筑企业在创新能力建设方面取得了以下进展:

第一,企业创新意识有所提升。一是浙江省建筑企业创新的主体观念意识加强,许多建筑企业开始建立技术中心,不断加强技术中心的运行规范,并积极申报省级技术中心。二是建筑企业创新投入水平逐渐提高,仅 2014 年,建筑企业全年科技活动经费支出额高达 197674.83 万元,平均值为 2440.43 万元,占当年利润总额平均值的 13.65%。三是建筑业开始引入信息化,2008—2011 年是建筑企业信息化投入最重要的三年,样本建筑企业信息化投入总额高达 29772.73 万元,年投入平均值为 522.33 万元。2012 至 2014 年,信息化已经成为建设行业发展的最基本方法。

第二,**企业创新组织逐步建立**。在被调查的 81 家被认定为省级技术中心的建筑企业中,企业都有明确的科技创新战略,建立了完善的创新体系与促进企业科技进步的机制,促进信息化程度不断提高,产学研合作不断加强,努力推动着公司科技创新并大力推动科技成果向生产力的转化。同时,样本企业也陆续取得了一批科技成果,技术中心开始逐步走向正轨,为浙江省建筑企业的持续健康发展增加动力。

第三,**创新管理体系逐步完善**。浙江省已申报技术中心的建筑业企业把创新体系建设作为提高本企业创新能力的重点工作,并取得了卓有成效的进步。企业技术创新体系中的各个机构与人员积极参与企业技术发展战略的制定,对重大关键技术进行自主开发,对重大技术引进和技术改造项目实施论证,为企业的技术决策提供咨询;与有关高等院校、研究院所以及国内外同行建立长期的稳定的技术交流与合作关系,促进产学研合作创新;以较好的工作条件吸引科技人才,通过研究开发实践为企业培养和造就大批高素质的科技人才;对企业内其他技术机构的工作提高进行系统的指导、咨询和服务;对科技成果进行技术经济评估,促进科技成果在企业内外的推广应用等。

第四,**知识产权与标准逐步重视**。近几年,浙江省建筑企业开始加大科技投入,加强核心能力建设和知识产权建设,积极组织开展工法编制、专利开发、规范编制等工作，取得了省级工法、国家级工法、发明专利、实用新型专利、编制规范等各项成果。2012—2014 年三年中，浙江省建筑企业获得省级及以上新工法数共计 759 项，平均 9.0 项，其中获得国家级新工法数 177 项，平均 2.1 项；2014 年被受理专利数共计 389 项，平均 4.8 项，其中发明专利数共计 136 项，平均 1.7 项。

第五，产学研合作逐步加强。随着建筑企业技术中心的不断建立与规范运行，众多建筑企业都与各地的科研院校就项目、技术、工艺等保持着长期的合作关系。建筑企业不断探索，开辟了产学研合作的新方式，一是联合成立产学研合作平台，比如广厦建设集团有限公司试图建立博士后科研工作站，聘请有关教授、博士生导师为技术中心专家，在新技术的研究与开发、技术的决策咨询、产学研联合创新和对外合作交流等方面发挥积极作用，歌山建设集团有限公司与高校成立了联合技术研发中心；二是跟国际一流企业构筑战略性合作平台，例如浙江宝业建设集团有限公司与世界 500 强企业——日本大和房屋工业株式会社强强携手联姻，共同致力于绿色节能建筑技术、产品的研究开发、推广，为人们创造和谐、优雅、健康的人居生活进行合作创新。

三、高技术服务业——未来产业的创新尴尬

　　高技术服务业是现代经济社会发展的过程中，现代服务业与高新技术产业相互融合发展的产物，是以服务创新为核心，结合高新技术手段，为生产和市场的发展提供专业化增值服务的知识密集型服务产业。高技术服务业是现代服务业的重要内容和高端环节，是未来经济发展新的"增长极"。高技术服务业具有技术含量和附加值高、市场前景广阔、发展潜力大等特点。纵览全球经济，地区整体产业发展陷入瓶颈之时，突破低迷获得跨越式发展的往往是高技术服务领域。

　　高技术服务业是产业体系中的知识生产者和创新传播者，随着经济的高速增长，生物、医药、高端装备制造等高技术制造业对商务服务、信息服务、科技服务等高技术服务业需求巨大。通过知识的生产和传播，高技术服务业可以发挥强有力的辐射作用，增强其他产业的技术特性，培育其他产业的创新能力，从而可以促进我国由"制造大国"向"制造强国"转变，在促进第三产业比重提升和高端化发展的同时，带动整个经济的转型升级。

　　加快发展高技术服务业对于扩大内需、吸引就业、带动其他产业发展、培育新兴产业壮大都具有重要意义。在浙江经济走向创新驱动发展

的道路上，高技术服务业将成为最为关键的经济催化剂。然而，在制定促进高技术服务业发展相关政策的过程中，存在一个难题，即作为扶持和引领工作前提的产业创新评价体系并没有建立。目前针对中国服务企业的创新能力评价研究并不成熟，使用的评价体系仍旧沿用制造业的技术创新评价范式。但服务创新本身具有的无形性、不可分离性、不可贮存性、使用权所有权分离、异质性等特点决定了服务更多是由人力资源直接提供，其创新更容易被模仿，衡量具有更大的难度和不确定性。对高技术服务业而言，企业的研发能力已经不是固化的概念，完全从自身的研发投入、开发能力和营销能力去测度高技术服务业创新能力已经不适应服务业发展的实际情况和企业参与全球化竞争的现实情境。这种不适应使得政府无法很好衡量高技术服务业企业的创新，继而无法使得高技术服务业可以分享现有政策带来的机会，无法引导产业的发展和升级。

要扶持和促进高技术服务业的发展，必须首先对行业特征和企业发展水平有清晰准确的认识、科学有效的评价。面对高技术服务企业的创新工作亟需扶持与引导，而现行创新能力评价体系又存在缺陷的情况，构建符合高技术服务业创新特征和中国企业发展现状的评价指标体系和操作方法，将成为促进高技术服务业创新发展工作的重要抓手。

（一）浙江省高技术服务业的发展现状与问题

当前，浙江高技术服务业处于快速发展阶段，已经形成了以信息技术服务、电子商务服务、数字内容服务等领域为代表的优势产业，这些产业势必需要在技术创新、产业升级方面起到表率作用。结合产业界和理论界对高技术服务业的界定标准，以及浙江省高技术服务业的发展现状和发展趋势,浙江省应当重点关注的高技术服务业主要包括以下领域:文化创意产业、商务服务业、信息技术与软件服务业、电子商务服务业、研发设计服务业。

对比国际顶尖水平,以及国内领先的北京、上海、广东等地,由于区位、起步时间、发展模式等原因,浙江省的高技术服务业总体尚处于发展初期,发展主要存在以下几个问题:

第一,行业总体比重仍然较小。当前,发达国家的平均服务业增加值比重已超过60%,从2012年的调查情况看,浙江省的服务业增加值为45.2%,远低于世界先进水平。其中,只占到服务业总体比重一部分的高技术服务业更加急迫地需要得到量的提升。

第二,区域发展仍然不平衡。发达地区如杭州、宁波等地,高技术服务业比重较高,一些新兴行业如金融业、信息咨询和计算机应用服务业等发展速度快,所占比重大,而欠发达地区则仍以传统产业为主导。在高技术服务业领域,龙头型、领军型的企业仍然以在杭州市为主,如信息技术与软件服务业、文化创意产业、研发设计服务业内仅有的大型公司,均坐落于杭州市。

第三,企业竞争力有待加强。浙江省的高技术服务业企业存在数量多、规模小的特点,缺乏一批品牌化、国际化、现代化的大型企业。在信息技术与软件服务业中,2012年阿里巴巴的营业收入和营业利润增长就占到全部限上企业的16.7%和30.6%,而缺乏其他竞争力强的大型企业。而在工业设计领域,浙江省内最领先的两家龙头企业员工人数在30人左右,对比北京、上海、广东等地的同行,如深圳浪尖工业设计的700人规模,仍然存在较大差距。

第四,企业创新能力不足。浙江省服务业技术含量和知识密集程度低,创新能力亟待提高。浙江省服务业企业以小企业居多,多数企业技术含量和附加值较低,管理水平落后,规模化、集团化程度都还较低,提供的只是知识和技术服务链上的低端服务产品。同时,由于企业本身的实力相对较弱,只能以较少的资源投入到创新管理当中,导致浙江省服务企业创新能力不足,与浙江省居于全国前列的经济发展水平不相匹配。

浙江省的高技术服务业在快速发展的前提下,存在企业规模小、影响力弱、创新能力亟待提高的问题,企业创新能力建设工作缺少思路和抓手。为了全面提升浙江省高技术服务业的创新能力,必须将高技术服务业纳入到浙江省创新驱动发展道路中的关键产业内。然而,目前现行的以制造业范式为基础的创新能力评价体系无法满足浙江省企业创新能力建设的急迫要求。面对这一新兴产业领域,政府在扶持其发展的过程中,面临着机会不公平、抓手不明确等政策瓶颈。这些问题的存在,也让浙江省成为高技术服务业创新能力建设工作突破和推进的试点省份。浙江省在高技术服务业技术能力评价工作中作出的探索,可以为全国存在类似问题的行业提供前瞻性的示范和引领作用。

(二)高技术服务企业的创新特征

服务创新的内涵界定一直处在发展之中,并在欧洲发起的 SI4S 调查中得到集中体现。SI4S 将服务创新描述为企业为了促进产品、生产方法、内部组织和外部关系等方面的显著变革而进行的决策实施和行动。对于高技术服务业而言,在这些方面体现出的服务创新具有以下不同于其他产业的特征:

第一,服务创新形态的多样性。高技术服务产业服务创新不仅仅是在创新过程中引入新的技术,而是可以包含以下一种或几种不同的形式的创新：服务概念的创新，顾客交互渠道的创新，服务传递系统的创新，技术概念的创新等等。

第二，**服务开发与服务生产、传递过程的不可分离性**。创新服务的开发融入在服务生产传递的全过程之中，使得服务开发活动难以从企业总体服务活动中分离。高技术服务业的服务创新过程就可能包括战略阶段、概念阶段、论证阶段、设计阶段、投放阶段、跟踪评估阶段等一系列贯穿组织活动的过程。这也使得高技术服务业在创新过程中，对于创新人才、创新投入和创新产出的界定，不能完全照搬制造业的方法进行。

第三，**服务开发机构形态的多样性**。不能用传统制造业研发部门的观念，衡量高技术服务产业的服务开发机构。不同的企业在设计服务开发机构形态的过程中采取的战略各不相同：有的建立专门的服务开发机构，以实验室或研发部门为依托；有的未设立专门的服务开发机构，服务开发活动贯穿组织活动之中；有的建立服务开发的管理机构，统筹组织内外部的服务开发活动；还有企业依托外部服务开发力量，建立服务开发的网络化体系。

第四，**服务商业模式的重要性**。对于服务企业而言，商业模式是新服务开发成功与否、企业能力能否得到突破式发展的关键，不同的商业模式则和企业的创新管理模式、创新机构建立的方式形成互动和匹配。服务商业模式关系着服务创新的价值能否得到传递和获取，单纯考虑服务本身的新颖性，而忽略创新中关键的价值创造，就无法完整刻画服务企业的创新能力。

高技术服务业创新的特征决定了固化的、静态的基于制造业创新能力的评价范式已经不再使用。而现行的服务业创新能力评价的视角，比如投入—产出视角、整合能力视角、创新过程视角，也无法完整地刻画高技术服务业创新能力的全貌。综合现有理论研究与实践研究的成果，发展新的创新能力评价指标体系势在必行。

(三)高技术服务业创新能力评价指标体系

针对高技术服务领域创新能力评价工作的迫切需求,省经信委于 2012 年初组建课题组,开展对浙江省高技术服务业创新能力评价指标体系研究。课题组通过实地访谈,深入调研了浙江省高技术服务业内的数十家企业,展开多案例研究。在案例研究基础上,课题组采用了文献综述、层次分析、调查统计、专家访谈等科学方法,构建了针对浙江省高技术服务业企业特性的创新能力评价体系。本研究通过对现有学术研究和政府文件的综述和对比确立初步的备选指标体系,通过对 300 多份问卷和典型企业调研所收集数据的深入分析,通过对指标体系进行论证和修改,并参考聚集行业领域内专家、政府部门和高校专家多轮讨论的意见,逐步筛选指标、确认指标值的赋值方法和指标的权重。最终,形成了针对浙江省高技术服务业发展特征的创新能力评价体系门槛指标、浙江省生产性服务业创新能力评价通用指标体系指标值和创新能力评价的行业系数。

浙江省高技术服务业创新能力评价指标体系

本指标体系适用于浙江省内注册的高技术服务业企业的创新能力评价工作。满足表 2-4 所示的门槛指标条件的企业,可以根据表 2-5 所示的计分方式进行评价。除加分项外,单个企业得分满分为 100 分。由于行业间的差异,对不同行业企业在客观指标上的得分,引入行业系数加以调节(如表 2-6 所示),行业系数只作为评估机构评价时使用,企业填报时无需考虑行业系数,按实际数据填报。

表 2-4   浙江省高技术服务业企业创新能力评价参评企业门槛指标

门槛指标	具体操作
企业设立时间	企业设立时间在 3 年以上
企业规模	企业最近一个会计年度的服务营业收入不少于800 万元人民币
营业收入比例	企业最近一个会计年度营业收入占总收入比例不少于50%

表 2-5   浙江省高技术服务业创新能力评价通用指标体系

一级指标 (权重)	二级指标 (权重)	指标解释	具体操作
1 创新投入 (30%)	1.1 服务开发 人员投入 (15%)	服务开发人员占比	服务开发人员占企业当年职工总数比例_____% (总 7.5 分)
		服务开发人员水平	具有 3 年及以上服务开发经验的人员占服务开发人员的比例_____% (总 4.5 分)
			企业当年本科以上学历员工占职工总数的比例_____% (总 3 分)
	1.2 服务开发 经费投入 (15%)	服务开发投入占比	近三年企业服务开发投入的总额占营业收入的比例平均值_____(%) (总 15 分)
2 创新过程 (30%)	2.1 创新管理 战略 (7%)	对服务创新战略的重视程度和执行程度	企业高层重视服务创新、熟悉服务开发过程;企业有明确的服务创新战略;有支持战略执行的完善制度和章程,并遵照实施 (总 7 分)
	2.2 机构建立 (8%)	企业服务开发系统的构建	建有相应的服务开发机构或有稳定、可靠的技术依托单位;其中,在海外设立服务开发机构的国别和数量_____(国别/个) (总 8 分)

续表

一级指标 （权重）	二级指标 （权重）	指标解释	具体操作
2 创新过程 （30%）	2.3 信息支持 （7%）	ICT 技术和信息系统应用	企业创建数据库、信息系统和管理平台对创新过程产生支撑作用 （总 7 分）
	2.4 商业模式 （8%）	服务业商业模式的创新	企业开展新服务的商业模式是否具有新颖性和市场潜力 （总 8 分）
3 创新产出 （40%）	3.1 业务收入 （13%）	创新服务营业收入占比	近三年创新服务的营业收入占营业收入总额比例的平均值_____（%） （总 13 分）
	3.2 企业获奖 （13%）	获得省市级及业界相关奖项、荣誉或者专业认证的数量	近三年企业或企业的创新服务荣获省市级创新奖项、省市服务企业百强、业界服务创新奖项、业界专业资质认证等的数量总数_____（项） （总 13 分）
	3.3 自主知识产权 （14%）	企业拥有的专利、版权和著作权数量、企业制订的行业标准	近三年内企业所拥有的专利权、版权和著作权，以及制定的行业标准,总数为_____（项） （总 14 分）
4 加分项	4.1 机构建立加分项	海外服务开发机构	企业在海外设立的服务开发机构的国别和数量_____（国别/个）
	4.2 企业获奖加分项	国际权威奖项	近三年内,企业或企业的创新服务获得国际级权威奖项的名称和数量_____（个）
		国内权威奖项	近三年内,企业或企业的创新服务获得国家级权威奖项的名称和数量_____（个）

表 2-6　浙江省高技术服务业创新能力评价行业系数

一级指标	二级指标	文化创意产业	商务服务业	信息技术与软件服务业	电子商务	研发设计服务业
1 创新投入	1.1 服务开发人员投入	0.9	1.2	0.8	1.2	0.8
	1.2 服务开发经费投入	1.0	1.4	0.8	1.3	1.0
3 创新产出	3.1 业务收入	1.0	1.3	1.0	1.4	1.0
	3.2 企业获奖	0.9	1.0	1.0	1.1	1.0
	3.3 自主知识产权	1.1	1.2	0.8	1.0	0.9

（四）浙江省高技术服务企业技术中心创新能力评价工作

2013 年 4 月,在浙江省高技术服务业创新能力评价指标体系的研究成果基础上,省经信委进一步考虑了政策制定的合理性,研究、制定并印发了《浙江省高技术服务业企业技术中心认定评价实施方案(试行)》(浙经信技术〔2013〕189 号)(以下简称《实施方案》)。

《实施方案》发布的意义在于,浙江省企业技术创新"三个三"体系建立和完善,进一步引导企业技术创新体系从制造业、建筑业到服务业的拓展,并规范和加强了浙江省高技术服务业企业技术中心的认定、评价和管理工作。根据国务院办公厅《关于加快发展高技术服务业的指导意见》(国办发〔2011〕58 号)和《浙江省企业技术中心管理办法》(浙经信技术〔2010〕142 号),联合省级有关部门,自 2013 年开始将高技术服务业纳入到浙江省企业技术中心认定领域,作为企业技术中心体系的一项重要内容。

《实施方案》认为,加强和推进浙江省高技术服务业企业技术中心建设,是提高高技术服务业企业自主创新能力、逐步完善技术创新体系的重要举措,也是培育壮大战略性新兴产业、促进产业结构优化升级的有效途径。为鼓励和支持浙江省高技术服务业企业建设企业技术中心,对技术创新能力较强、创新业绩显著、在行业或区域内具有示范和引领作用的高技术服务业企业技术中心,省经信委主管部门会同相关部门予以认定,并给予相应政策扶持。

省经信委主管部门会同同级财政、税务和海关等部门负责浙江省高技术服务业企业技术中心的认定、评价和管理工作,并根据各自职能加强对高技术服务业企业技术中心的扶持和指导。浙江省高技术服务业企业技术中心的认定每年组织一次,受理认定申请截止日期为每年 5 月 15日。首批企业的认定工作(试运行)已经于 2013 年 5 月展开。

浙江省对服务业企业技术中心认定工作的开展,走在了全国前列。因此,浙江省高技术服务业企业技术中心认定工作也得到了国家发展改革高技术司的肯定与重视。国家发展改革委高技术司领导组织专家,于2013 年 6 月 8 日到浙江对高技术服务业技术中心创建情况进行了调研,并与省经信委主管部门和高技术服务业创新能力评价指标体系课题组成员进行交流研讨,将项目研究成果作为未来在全国范围内推行高技术服务业发展促进工作的参考,从而为全国服务业领域的技术中心评价工作做出了有意义的探索。

创新二十年
——浙江省企业技术中心发展之路

INDUSTRIAL INNOVATION

第三篇　企业"新"交响

　　还记得"iPhone"问世时所掀起的狂热,在此之后,全球手机行业出现了一个新的名词:"街机"。一个创新的成果,或者说一种创新的精神,影响的绝不仅仅只是一个人、一个公司。它所带来的震撼,并不亚于一场世界性风暴。

　　由此,浙江在企业技术中心建设中,给予了"创新"更为广泛的定义。从这里出发,是企业新知识、新技术、新产品的源头,是企业战略规划、战略决策、技术攻关的平台,也是开展产学研结合、引进技术、引进人才的窗口。所有的全部构建了企业技术创新体系。

　　然后,我们惊喜地发现,完善中的创新体系逐渐表现出了极强的辐射力和生命力。拥有省级以上企业技术中心的企业不仅带动了区域经济发展,更成为了国际金融危机中,浙江经济的中流砥柱。

国家认定企业技术中心工作是我国为建立以企业为主体的技术创新体系而采取的一项重要举措。浙江省企业技术创新体系建设是推动企业、产业、区域经济发展的重要支撑,是提高浙江经济竞争力的重要举措。近 20 年来,浙江省始终引导企业把企业技术中心作为企业新知识、新技术、新产品的源头,作为企业战略规划、战略决策、技术攻关的平台,作为开展产学研结合、引进技术、引进人才的窗口,构建企业技术创新体系。从而增强企业自主创新能力,加快产业结构调整与优化,促进经济转型升级,推进创新驱动发展战略的全面实施,保持经济持续、稳定增长。

浙江省企业技术中心建设工作已经取得了重大成就。1996 年,万向集团技术中心成为浙江省首家、全国第四批享受优惠政策的国家认定企业技术中心,由此拉开了浙江省加快企业技术中心建设的大幕。截至2014 年底,全省拥有省级以上企业技术中心 902 家,其中国家认定企业技术中心 79 家、省级企业技术中心 823 家(含 81 家建设企业技术中心)。拥有省级以上企业技术中心的企业明显具有较强的自主创新能力和市场竞争能力,已经成为浙江省工业经济发展的中坚力量。全省骨干龙头企业中 80% 以上已经拥有国家认定或省级企业技术中心。尤其是在 2008 年的国际金融危机中,拥有省级以上企业技术中心所在企业显现出极强的抵抗市场风险的能力与潜力,为浙江省经济渡过难关、走出低谷、快速恢复,做出了重要的贡献。

本篇将阐述拥有省级以上企业技术中心所在企业的行业引领作用,以及对地方经济社会发展的贡献。

一、企业技术中心创新能力总体水平

1. 总体规模壮大，引领产业发展

拥有省级以上企业技术中心的企业通过实施创新驱动发展战略，为企业的高速成长提供不竭的创新动力，已经成为浙江省工业经济的中坚力量。2014 年，902 家企业虽然在数量上仅占全省规模以上工业企业的 2.6%，但是销售收入总额已占全省规模以上工业企业的 30.8%，利润总额占比更是高达 35.2%。其中，79 家拥有国家认定企业技术中心的企业，销售收入总额约为 4400 亿元，利润总额约为 480 亿元，分别占当年度全省规模以上工业企业的 7.2% 和 13.5%。823 家拥有省级技术中心的企业，销售收入总额约为 14460 亿元，利润总额约为 770 亿元，分别占当年度全省规模以上工业企业的 23.6% 和 21.7%。

表 3-1　省级以上企业技术中心企业/规上工业企业主要数据比较

单位:人、亿元

	拥有省级以上企业技术中心的企业	规模以上工业企业
2014 年从业人员数量(万人)	261.8	719.0
2014 年产品销售收入(亿元)	18854.0	61305.8
2014 年产品销售利润(亿元)	1264.5	3561.3

此外,省级以上企业技术中心的企业对推进全省块状经济向现代产业集群转型升级具有重要的作用。块状经济是浙江省工业经济发展的一大特色,而龙头骨干企业对块状经济的发展具有典型的示范作用。加强重点龙头骨干企业的技术中心培育,加快提升龙头骨干企业的技术创新能力,推动块状经济的转型升级,已成为浙江省技术创新体系建设的主要工作内容。截至 2014 年,146 家省工业行业龙头骨干企业中,已有 114 家重点工业龙头骨干企业获得国家或省级企业技术中心认定,对推动块状经济发展起到了良好的示范带头作用。

特别值得一提的是,在全球金融危机带来的阵痛中,省级以上企业技术中心所在企业表现出强大的获利能力,为浙江省经济迅速从经济危机中快速恢复发挥了积极的引领作用。以 2014 年为例,省级以上企业技术中心所在企业的利润率约为 6.7%,高于当年规模以上工业企业平均 5.8% 的利润率。

2. 创新投入加大,结构日益优化

省级以上企业技术中心所在企业,已经成为浙江省工业创新投入的主体。2014 年,省级以上企业技术中心所在企业的科技活动经费支出总额达到 661.2 亿元,占当年度全省规模以上工业企业科技活动经费支出总额的 64.1%;科技活动经费支出总额占销售收入的比重达到 3.5%,为

全省规模以上工业企业的 2.1 倍。其中,拥有国家认定企业技术中心所在企业的科技活动经费支出总额达到 207.8 亿元,占销售收入的比重为 4.7%。

表 3-2　省级以上企业技术中心在工业创新投入中的地位

创新指标	拥有省级以上企业技术中心的企业	规模以上工业企业
2014 年科技活动经费支出总额(亿元)	661.2	1031.1
占销售收入比重(%)	3.5	1.7

企业自有资金已经成为技术创新投入的持续、稳定和主要的来源。从 2013 年国家认定企业技术中心的评价结果看,国家认定企业技术中心的科技活动经费筹集总额约为 213.7 亿元,其中来自政府的资金仅 9.8 亿元,占比仅为约 4.6%。创新带来的高收益以及支撑企业的快速发展,为持续创新提供了源源不断的资金保障,形成了良性循环。

企业创新支出的结构逐渐得到优化,越来越多的科技经费用于支持 R&D 活动,为技术中心开发行业关键技术、前沿技术研究提供了重要的资金支持。2014 年,国家认定企业技术中心所在企业的 R&D 经费支出约为 181.9 亿元,占其科技活动经费总支出总额的 87.5%,与一般工业企业按照科技活动经费投入的 50% 列支 R&D 经费相比,高出七成多。一些优秀技术中心所在企业更是将更多科技经费投向 R&D 研究。如万向集团技术中心 2014 年的科技活动经费支出总额为 33.7 亿元,其中 R&D 经费支出约为 31.3 亿元,占比约为 92.9%;吉利集团技术中心 2014 年的科技活动经费支出总额约为 14.6 亿元,其中 R&D 经费支出约为 13.0 亿元,占比高达 89.2%。

3. 高端人才集聚,打造创新团队

企业技术中心持续增加研发投入,为招募高层次的研发人才、壮大研

发人才队伍、完善人才结构等提供了坚实的资金保障,为技术中心从事深层次的产业关键技术、前沿技术的研究提供了最重要的人才基础。

从研发人才的规模来看,技术中心的研发人才规模是行业研发队伍中的最重要组成部分。2014 年,国家认定企业技术中心的科技活动人员规模达到 7.8 万人,占当年规模以上工业企业科技活动人员的 15.8%;省级以上企业技术中心的 R&D 人员规模达到 14.7 万人,占当年规模以上工业企业 R&D 人员的 43.6%。

从研发人才的层次来看,技术中心是聚集行业高层次研发人才的最重要载体,为技术中心得以从事深层次的技术创新工作、引领行业的技术进步与发展,提供了最重要的基础。越来越多的拥有高级技术职称和博士学历的高层次研发人才进入企业技术中心,以技术带头人的身份引领、指导其他技术人员的活动。2014 年,规模以上工业企业共拥有研发机构 8278 个,拥有博士和硕士学历的人员共计 19007 人;虽然国家认定企业技术中心在数量上仅占 0.8%,但是拥有博士学位的研发人才达到 1062人,占规模以上工业企业研发机构中博士、硕士总数的 5.6%。如果按我国博士与硕士年均培养人数约 1:5 的比例计(进入企业的博士比例通常要低得多),国家认定企业技术中心的博士、硕士总数将占规模以上工业企业研发机构中博士、硕士总数的 30% 以上。

为了增强技术中心从事高水平研发工作的能力,增强在行业中的人才优势地位,技术中心不断完善人才结构、提高高层次人才的比例。2014年,国家认定企业技术中心拥有高级技术职称的高级人才达到 6374 人,比 2009 年增加 169.4%,占科技活动人员数的比重从 6.9% 增加到8.2%;博士学位的高级人才达到 1062 人,比 2009 年增加 152.3%,占科技活动人员数的比重也从 1.2% 增加到 1.4%。吉利集团技术中心 2014年的科技活动人员中,高级技术职称人员的比重从 2010 的 5.0% 升至

5.8%,博士学位人员的比重从 2010 年的 1.2%升至 1.3%。

4. 创新活动广泛,合作形式多样

在资金与人才的基础条件保障下,企业技术中心整合内外部的创新资源,不仅促使内部的科技活动增长迅速,成为行业中从事研发活动的行为主体,也是企业实施产学研合作的重要平台。

技术中心有能力、有资源对行业的关键技术、前沿技术进行研究,其研发活动在行业中占有举足轻重的地位。2014 年,国家认定企业技术中心研究与试验发展项目数达到 3841 项,占当年全省规模以上工业企业研究与试验发展项目的 8.3%。

技术中心成为工业企业加强与科研院所、高校合作的最重要载体。2014 年,拥有国家认定企业技术中心的企业,与科研院所、高校的合作经费达到 8.6 亿元,占当年规模以上工业企业支付给科研院所、高校的合作经费的 50.6%。如万向与洛阳轴承研究所联合建立了研发中心,与上海同济大学联合建立了汽车底盘系统研发中心,开展面向汽车产业关键、共性技术和配套技术的开发。此外,万向还积极与美国西北大学等高校加强合作,以整合国外先进的创新资源。

而为了引领行业的技术进步,并深化行业影响、提升行业地位,技术中心自身的科技活动增长非常迅速。首先是量的增长。此外,2014 年国家认定企业技术中心的全部科技项目数达到 5348 项,比 2009 年增加了 85.6%。其中,研究与试验发展项目比 2009 年增加了 132.4%;研究与试验发展项目数占全部科技项目数的比重从 2009 年的 57.4%提升到了 2014 年的 71.8%,提升了 14 个百分点。其次是质的提升,省部级以上政府科技项目数达到 795 项,比 2009 年增加了 78.7%。

5. 创新成果丰富,带动产业提升

企业技术中心的科技活动产生了大量的以专利为代表的创新成果,并将其成功地运用于企业的新产品开发活动中,通过新产品销售将创新转化为企业的利润,支撑企业的高速成长。

技术中心是企业创新成果得以产生的最重要载体。2014 年,拥有省级以上企业技术中心企业的专利申请数占全省规模以上工业企业专利申请数的 23.6%,发明专利申请数占全省规模以上工业企业专利申请数的 39.2%,有效发明专利数占全省规模以上工业企业专利申请数的 43.2%(见表 3-3)。

表 3-3　省级以上企业技术中心在工业创新成果中的地位　　　　单位:件

创新成果	拥有省级以上企业技术中心的企业	规模以上工业企业
专利申请数	18168	77067
其中发明专利申请数	5893	15036
拥有发明专利数	9763	22578

技术中心的研发活动产生了大量的专利成果,为企业开拓市场、提高市场竞争力、实现可持续发展奠定了坚实的技术基础。吉利集团技术中心 2014 年拥有发明专利 534 项,比 2010 年增加 1953.8%,其中拥有国际发明专利 14 项,比 2010 年增加 27.3%。迅速增长的创新成果为吉利实现快速增长奠定了重要的技术基础,2014 年吉利集团的产品销售收入达到 315 亿元,比 2010 年增加 50%。

技术中心的研发活动为取得重大技术进展、突破行业瓶颈、提升产业层次做出了重要贡献。如杭汽轮集团技术中心主持开发的《高温耐磨阀杆表面强化关键技术开发》项目,完成了汽轮机高温耐磨阀杆表面喷涂技术及机加工工艺技术,解决了喷涂技术的国产化方案,突破了高温耐磨阀

杆必须高价从国外进口的被动局面。中控科技集团技术中心完成多项国家"863"和科技攻关重大研究课题,其中主持开发的我国第一个具有自主知识产权的现场总线国家标准——EPA,得到国际电工委员会的正式确认,从而全面进入现场总线国际标准化体系。此外,中控科技集团在流程工业自动化、机器人等领域的创新成果为浙江省工业自动化、机器人等产业的发展做出了重要贡献。

技术中心的创新成果通过新产品销售源源不断地转化为企业的利润,支撑行业的高速成长。2014年,拥有国家认定企业技术中心的企业新产品销售收入规模达到2509亿元,占全省规模以上工业企业新产品销售收入的16.9%;新产品销售收入比2009年增长了140.1%;新产品销售收入占销售收入的比重始终保持在50%以上,为企业稳定地获取利润来源做出了重要的贡献,有效减轻甚至消除了金融危机对浙江省工业的不利影响,为保障企业及行业的高速成长做出了重要贡献。

二、工业企业技术中心创新能力评价

根据国家认定企业技术中心管理办法明确的重点认定领域,工业企业省级企业技术中心按行业可划分为船舶、电子、纺织、化工、机械、建材、轻工Ⅰ、轻工Ⅱ、石化、冶金、医药、有色等 12 个大类。本节综合运用 2014 年与 2010 年省级企业技术中心的评价数据,对拥有省级企业技术中心的工业企业的创新能力按照行业进行分类评价。

1. 行业发展迅速,获利能力强劲

在金融危机的影响下,各行业在销售市场上都遭遇了一定程度的不景气,严重限制了企业的发展空间及扩张速度。但是,总体而言,在具有较强创新能力的企业技术中心的驱动下,浙江省的高技术行业依然获得了较快的增长,尤其是机械、电子、医药等高技术产业发展十分迅速,利润获取能力十分强劲(见表 3-4)。

机械行业"一枝独秀",占据第一梯队。机械行业无论是在从业人员规模,还是产品销售收入,抑或是产品销售利润,都要比其他 11 个行业大得多;从发展的情况来看,机械行业也保持着较高的增长速度。2014 年,机械行业在从业人员规模、产品销售收入、产品销售利润指标上比 2010

年分别增长了 27.3％、41.9％、29.7％。这与浙江省装备制造业的蓬勃
发展息息相关,2014 年浙江省装备制造企业实现工业增加值 4327.9 亿
元,占全省规上工业企业工业增加值的 34.5％,领跑浙江省工业各个
行业。

表 3-4　2010 年和 2014 年各行业省级企业技术中心企业总体情况对比

行业	从业人员数(人)			产品销售收入(亿元)			产品销售利润(亿元)		
	2010 年	2014 年	增幅(％)	2010 年	2014 年	增幅(％)	2010 年	2014 年	增幅(％)
机械	197776	251726	27.3	1496.6	2123.4	41.9	173	224.4	29.7
轻工 II	85994	116003	34.9	603.9	1115.0	84.6	54.8	126.1	130.1
纺织	104320	108504	4.0	885.3	1265.4	42.9	94.2	108.5	15.2
电子	54171	63617	17.4	297.5	526.1	76.8	31.6	38.6	22.2
医药	33616	43623	29.8	195.4	355.4	81.9	31.6	42.1	33.2
轻工 I	74120	72325	−2.4	577.1	695.6	20.5	68.8	107.1	55.7
化工	51650	55945	8.3	646.6	821.4	27.0	58.2	83.0	42.6
建材	40227	16144	−59.9	261.2	235.0	−9.9	26.9	23.8	−11.5
冶金	8208	16784	104.5	134	445.8	232.7	8.0	11.8	47.5
船舶	6060	10878	79.5	170.2	140.7	−17.6	9.8	36.4	271.4
有色	1592	1890	18.7	29.9	35.0	16.7	0.9	2.4	166.7
石化	862	1121	30.0	45.7	17.3	−62.1	3.6	0.64	−82.2

　　轻工、纺织等传统优势行业位于第二梯队,企业数量占全部工业
10％左右,省级企业技术中心占有量达 37.7％。从发展的情况来看,轻
工 II 2014 年在从业人员规模、产品销售收入、产品销售利润等指标方面
较 2010 年增幅较大,扩张速度非常之快。而纺织行业的从业人员规模与
销售利润只略有上升。

　　电子、医药等行业位于第三梯队,虽然在规模上,离机械等优势行业

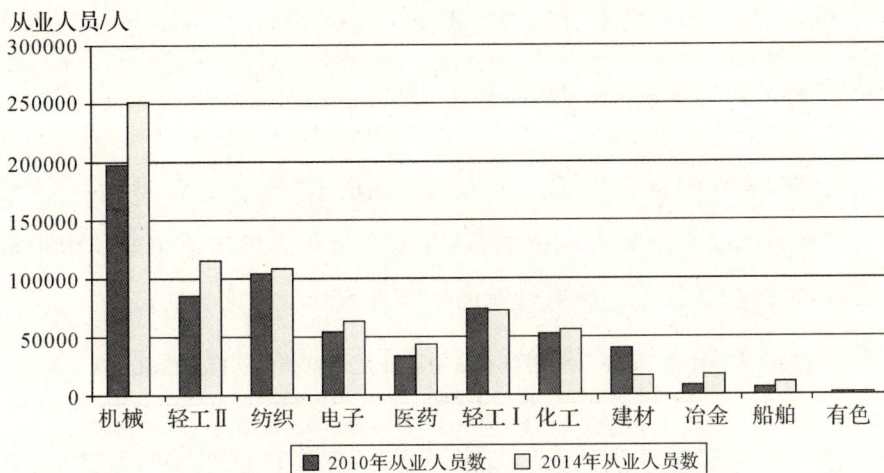

图 3-1　2010 年和 2014 年各行业省级企业技术中心企业从业人员规模对比

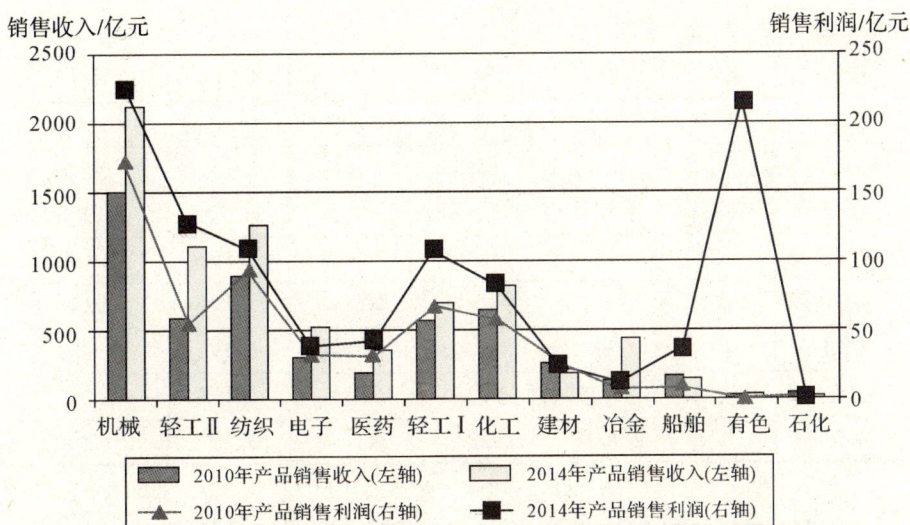

图 3-2　2010 年和 2014 年各行业省级企业技术中心企业经营情况对比

还有一定的距离,但是发展速度非常快。这些产业的高速发展,将对浙江省完善产业结构、实现产业的转型升级产生重要的作用。2014 年,电子行业在从业人员规模、产品销售收入、产品销售利润等指标上比 2010 年分别增长了 17.4%、76.8%、22.2%,医药行业分别增长了 29.8%、

81.9％、33.2％,冶金行业分别增长了104.5％、232.7％、47.5％。

2. 投入持续增加,机械稳居首位

为增强企业的自主创新能力,提高产品的附加值与市场竞争力,为经营者的经营战略奠定坚实的技术基础,工业企业纷纷加强企业技术中心的建设,加强创新投入。所有行业的创新投入均呈现增长的态势。

表3-5   2010年和2014年各行业省级企业技术中心创新投入情况对比

行业	科技活动经费支出额(亿元)			科技活动经费支出占销售收入比重		
	2010年	2014年	增幅(%)	2010年	2014年	增幅(%)
机械	65.9	118.3	79.5	4.4%	5.60%	27.3
电子	12.8	28.6	123.4	4.3%	5.40%	25.6
轻工Ⅱ	21.2	45.5	114.6	3.5%	4.08%	16.6
纺织	28.4	44.0	54.9	3.2%	3.50%	9.4
化工	20.8	30.8	48.0	3.2%	3.70%	15.6
轻工Ⅰ	17.2	39.3	128.5	3.0%	5.7%	90.0
冶金	11.7	52.2	346.0	3.1%	11.7%	277.0
医药	8.9	19.6	120.0	4.6%	5.5%	19.6
建材	8.8	8.9	1.1	3.4%	3.8%	11.8
船舶	4	13.4	2.4	2.4%	9.5%	296.0
有色	0.2	1.4	600.0	3.3%	4.10%	24.2
石化	0.4	0.89	123.0	6.4%	5.1%	−20.3

在创新投入绝对值的行业梯度方面,机械行业依然足以傲视其他行业。创新投入的绝对值越大,表明企业可用于技术创新活动的冗余资源越多,技术创新活动的空间也就越大,可以用更多的资源去对具有共性意义的产业关键技术进行创新。得益于规模上的优势,机械行业技术中心2014年的科技活动经费投入经费达到118.3亿元,比2010年增加了79.5％,其次是冶金、轻工Ⅱ、纺织、轻工Ⅰ等行业,其技术中心的科技活

动经费较 2010 年均有较大幅度的增长,其中有色与冶金行业的增幅分别达到了 600% 与 346%。

在科技活动经费占销售收入比重的行业梯度方面,冶金行业最高,2014 年达到了 11.7%,比其他行业高出约 50%,机械、轻工Ⅱ等多数行业约为 5.0%,化工和纺织行业最小,仅约为 3.5%。科技活动经费占销售收入的比重反映了企业对技术创新的重视程度,冶金行业对技术创新的高度重视,对重视技术创新的环境建设、集中资源突破研发瓶颈,都将产生重要的影响。

此外,值得注意的是,作为高技术产业的代表行业之一,浙江省医药产业无论是在绝对的创新投入方面,还是在相对的科技活动经费支出占销售收入的比重方面,都还有待进一步加强。

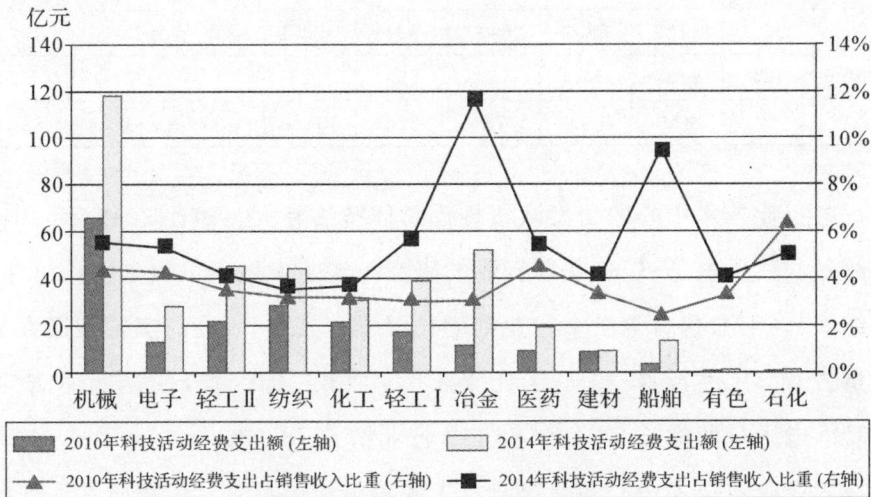

图 3-3   2010 年和 2014 年各行业省级企业技术中心创新投入情况对比

3. 人才总量扩大,结构逐渐完善

为加强企业的自主创新能力建设,工业企业纷纷完善技术创新的基础条件,尤其是持续完善技术中心的研发人才基础。

表 3-6　2010 年和 2014 年各行业省级企业技术中心人才基础情况对比

行业	研究与实验发展人员数(人)			大学本科和中高级技术职称人员数(人)			拥有博士学位的人员数(人)		
	2010 年	2014 年	增幅(%)	2010 年	2014 年	增幅(%)	2010 年	2014 年	增幅(%)
机械	19120	31755	66.1	12013	18471	53.8	263	256	−2.7
电子	5596	10895	94.7	2570	5897	129.5	113	121	7.1
轻工Ⅱ	5977	10692	78.9	4148	7425	79.0	143	108	−24.5
轻工Ⅰ	6056	6590	8.7	2976	3810	28.0	80	50	−37.5
医药	3867	6867	77.6	2455	4349	77.1	97	121	24.7
化工	3700	5010	35.4	2500	3504	40.2	105	101	−3.8
纺织	7846	8833	12.6	2790	4493	61.0	109	56	−48.6
建材	2042	2357	15.4	1578	1179	−25.3	53	19	−64.2
石化	102	156	52.9	54	87	61.1	1	0	−100.0
冶金	920	1123	22.1	643	634	−1.4	171	20	−88.3
船舶	424	1769	317.0	450	833	85.1	1	1	0
有色	74	371	401.4	78	206	164.0	6	1	−83.3

　　各行业技术中心的研发队伍规模总体持续壮大。相比 2010 年,2014 年船舶、有色、电子、轻工Ⅱ等行业的研究与实验发展人员数量增长迅速,而纺织、轻工Ⅰ、建材等三个行业则增长缓慢。其中,研究与实验发展人员数量方面,有色行业 2014 年比 2010 年增长 401.4%,船舶行业增长 317%,电子行业增长 94.7%,轻工Ⅱ行业增长 78.9%。

　　工业企业技术中心的高级研发人才总体增长显著。高级研发人才的进驻对完善技术中心的创新体系具有重要的战略意义。电子行业企业技术中心 2014 年大学本科和中高级技术职称人员数达到 5897 人,比 2010 年增长 129.5%;拥有博士学位的研发人才达到 121 位,比 2010 年增加 7.1%。机械行业企业技术中心 2014 年大学本科和中高级技术职称人员数达到 18471 人,比 2010 年增长 53.8%;但其拥有博士学位的研发人才

从业人员/人

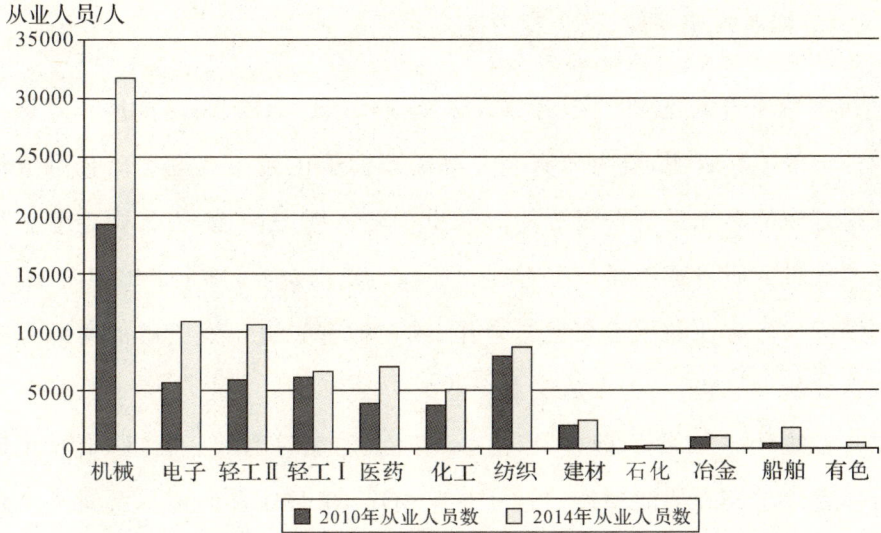

图 3-4　2010 年和 2014 年各行业省级企业技术中心人才基础情况对比-1

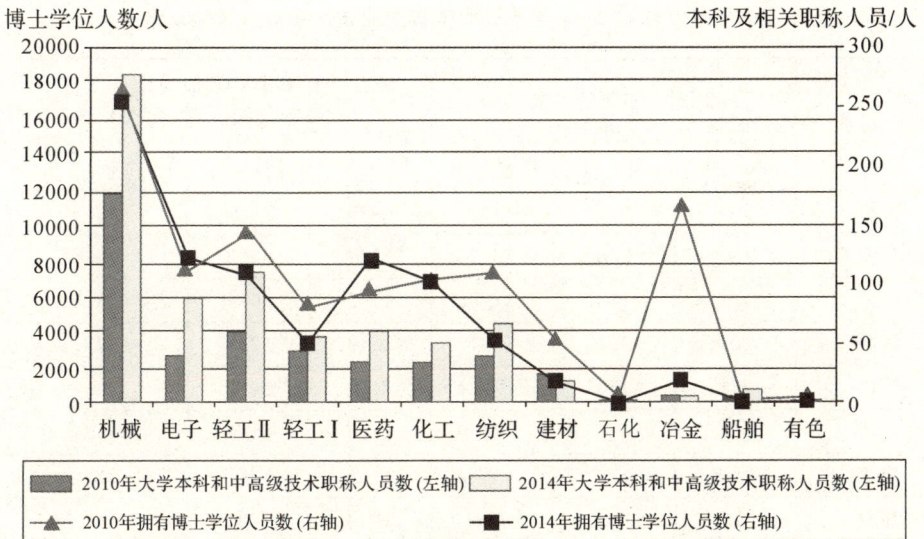

图 3-5　2010 年和 2014 年各行业省级企业技术中心人才基础情况对比-2

减至 256 位,比 2010 年减少 2.7％。

4. 创新开放主导, 整合能力提升

在当今知识经济时代, 开放式创新显现出巨大的优势, 如何有效整合内外部的创新资源, 成为所有企业都需要面临的重要议题。而金融危机使得许多拥有先进研发资源的海外机构陷入财务困境, 为我国企业获得这些先进的研发资源提供了有利的环境。走出企业, 甚至走出国门, 加强与国际领先企业的技术交流与合作, 或在拥有先进研发资源的海外并购或自建研发机构, 成为多数工业企业的必然选择。

在统计的 12 个行业中, 以冶金、有色、船舶等为代表行业, 对于创新合作表现出较大的能动性, 与 2010 年相比, 在对外合作项目及对外交流人次上均有明显的增加。相较之下, 建材、石化等传统行业在该项工作开展中则略显不足, 均出现了不同程度的负增长。

表 3-7　2010 年和 2014 年各行业省级企业技术中心科技活动情况

行业	对外合作项目(项)			技术中心参加国内外技术交流人次(人次)		
	2010 年	2014 年	增幅(%)	2010 年	2014 年	增幅(%)
机械	536	654	22.0	6913	10056	45.5
轻工Ⅱ	187	268	43.3	2280	3962	73.8
电子	121	148	22.3	1502	2074	38.1
医药	207	314	51.7	3049	2346	−23.1
纺织	275	230	−16.4	2426	3025	24.7
化工	184	138	−25.0	1559	2173	39.4
轻工Ⅰ	152	139	−8.6	1101	1348	22.4
建材	63	66	4.8	1403	1231	−12.3
冶金	16	45	181.2	248	445	79.4
有色	5	11	120.0	26	109	319.2
船舶	6	49	716.7	24	334	1291.7
石化	10	14	40.0	41	24	−41.5

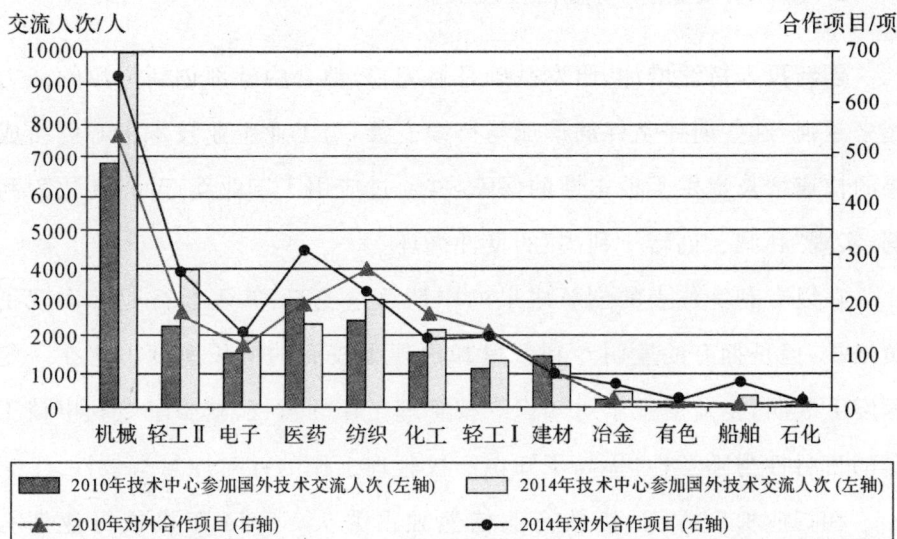

交流人次/人   合作项目/项

图 3-6　2010 年和 2014 年各行业省级企业技术中心创新合作情况-1

在创新合作的形式上,参加国内外的技术交流依然是各行业实施创新合作的主要形式。2014 年,各行业参加国内外技术交流的次数普遍达到了对外合作项目的 10 倍以上。通过技术交流,跟踪与学习最新的行业技术,然后通过自主开发的形式发展行业最新的技术能力,仍是企业主要的技术能力发展途径。

在行业发展梯度上,机械行业依旧是开展创新合作最多的行业,2014 年共计 654 个对外合作项目、10056 人次技术交流,近年来的增幅也相对比较稳健,相对 2010 年的增幅分别为 22.0%、45.5%。其次是轻工 II 行业,2014 年共计 268 项对外合作项目、3962 人次技术交流,虽然在规模上离机械行业还有一定差距,但是增幅达到了 43.3%、73.8%,大有迫近并追上机械行业的趋势。再次是电子行业与医药行业,2014 年电子行业共计 148 项对外合作项目、2074 人次技术交流,医药行业共开展 314 项对外合作项目、2346 人次技术交流。

5. 创新绩效显著,行业良性发展

创新投入持续增加,研发基础日益完善,整合内外部创新资源的能力越来越强,这些前提条件的形成与持续完善,为工业企业技术中心创新成果的快速增长提供了根本性的保障,并通过应用于工业新产品,转化为利润,实现"利润—创新—利润"的良性循环。

在以专利为代表的创新成果的申请总量上,虽然多数行业都出现了负增长,但是拥有的发明专利数量却出现了较高的增长速度。这在一定程度上表明,企业增强了对知识产权管理工作的重视,减少了专利申请工作的盲目性与随意性,提高了知识产权管理工作的针对性与有效性。

在行业梯度方面,机械行业依然独占鳌头。2014 年机械行业拥有1804 件有效发明专利,并有 4236 件专利申请被受理,其中包括 1115 件发明专利的申请。其次是电子、医药、轻工Ⅱ等高技术行业,其中,轻工Ⅱ是除机械行业外,在专利申请、拥有发明专利数等指标都出现高增长的行业;电子行业虽然专利申请总量略有下降,但发明专利申请与拥有有效发明专利数却拥有较高的增长速度;医药行业虽然专利申请数比较少,但发明专利比例为各行业最高,其近 80% 的申请均是发明专利,且拥有的发明专利数比 2010 年差不多翻了一番。再次是纺织、化工等传统行业,虽然这些行业的专利申请数有不同程度的下降,但拥有的发明专利数基本呈增长的趋势。

表 3-8　2010 年和 2014 年各行业省级企业技术中心专利发展情况对比

行业	被受理的专利申请数(件)			被受理的发明专利申请数(件)			拥有发明专利数(件)		
	2010 年	2014 年	增幅(％)	2010 年	2014 年	增幅(％)	2010 年	2014 年	增幅(％)
机械	2243	4236	88.9	367	1115	203.8	639	1804	182.3
轻工Ⅱ	1323	1168	−11.7	157	351	123.6	222	699	214.9
电子	760	695	−8.6	214	264	23.4	220	538	144.5
医药	234	281	20.1	162	197	21.6	177	606	242.4
化工	222	334	50.5	150	189	26.0	276	658	138.4
纺织	1700	719	−57.7	124	178	43.5	121	641	429.8
轻工Ⅰ	1400	1243	−11.2	111	153	37.8	93	243	161.3
建材	248	305	23.0	64	110	71.9	73	140	91.8
冶金	107	89	−16.8	37	37	0.0	21	72	242.9
有色	17	35	105.9	10	14	40.0	5	22	340.0
船舶	15	42	180.0	4	11	175.0	2	23	1050.0
石化	3	2	−33.3	3	2	−33.3	3	6	100.0

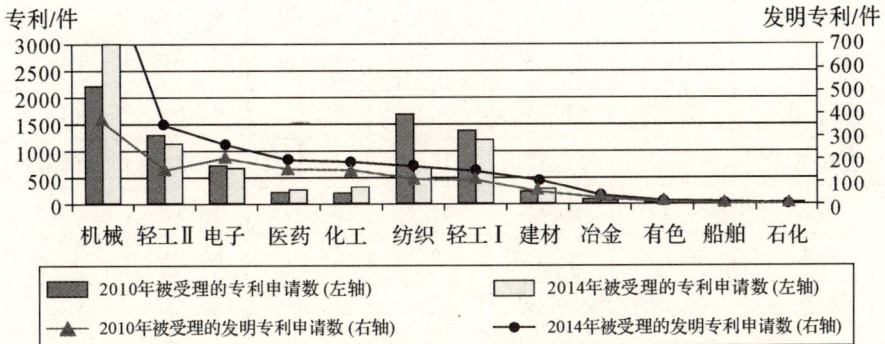

图 3-7　2010 年和 2014 年各行业省级企业技术中心专利发展情况对比-1

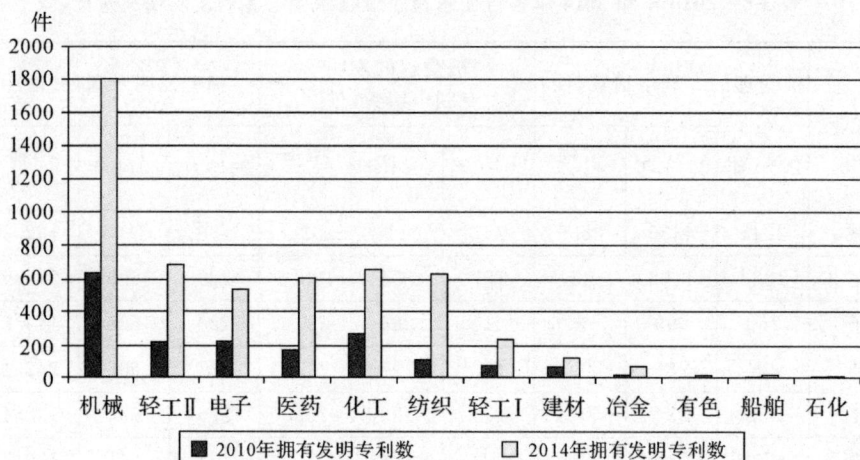

图 3-8　2010 年和 2014 年各行业省级企业技术中心专利发展情况对比-2

表 3-9　2010 年和 2014 年各行业省级企业技术中心新产品产值率及利润率情况

行业	新产品产值率			新产品利润率		
	2010 年	2014 年	增幅（%）	2010 年	2014 年	增幅（%）
电子	44.3%	46.8%	5.6	49.3%	69.8%	41.5
船舶	54.4%	64.5%	18.6	60.3%	13.8%	−77.1
纺织	40.2%	45.0%	12.0	46.5%	78.4%	68.5
轻工 I	44.8%	44.8%	0.1	38.0%	86.8%	128.3
轻工 II	47.2%	51.7%	9.5	51.1%	44.9%	−12.2
机械	49.9%	57.6%	15.5	49.6%	80.7%	62.7
化工	29.7%	37.9%	27.7	35.8%	48.3%	34.8
石化	79.5%	9.3%	−88.2	53.6%	60.7%	13.2
有色	60.7%	57.1%	−6.0	75.0%	69.1%	−7.9
建材	48.7%	41.5%	−14.8	52.1%	69.3%	33.0
冶金	29.1%	50.6%	74.0	61.1%	61.2%	0.2
医药	46.4%	61.4%	32.4	49.0%	70.0%	42.8

　　丰富的创新成果有效保障了工业企业的产品利润。2014 年，船舶、

电子、纺织、轻工Ⅰ、轻工Ⅱ、冶金、有色金属行业的新产品产值率比 2010
年有所增长,机械和化工行业基本保持不变,石化、建材和医药行业则下
降幅度比较明显。从新产品利润率来看,除有色、冶金、建材和医药行业
有所下降外,其他各个行业 2014 年均比 2010 年有所增长。大华科技
2014 年的新产品销售收入达到 39 亿元,新产品产值率约为 84.8%,销售
利润达 8 亿元,利润率为 20.5%;聚光科技 2014 年的新产品销售达到
8.0 亿元,新产品产值率达到 100%,销售利润达 2.5 亿元,利润率为
31.3%;信雅达系统工程 2014 年的新产品销售收入达 7.0 亿元,新产品
产值率达到 71%,销售利润达 1.1 亿元,利润率为 15.7%。

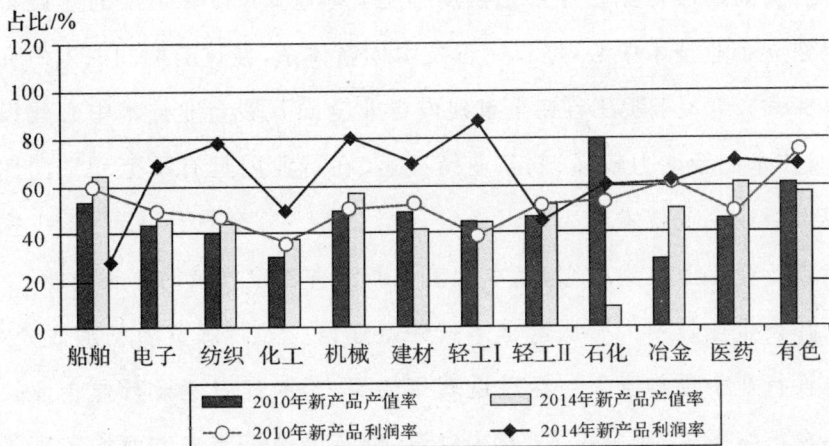

图 3-9　2010 年和 2014 年各行业省级企业技术中心新产品产值率及利润率情况

三、建设行业企业技术中心创新能力评价

为提高建设行业企业自主创新能力,鼓励和支持有条件的建设行业企业建立企业技术中心,逐步完善技术创新体系,经过前期的深入研究和积极探索,2008 年浙江省在全省建设行业全面开展企业技术中心建设工作,对技术创新能力较强、创新业绩显著、在行业内具有示范和导向作用的建设行业企业技术中心予以认定。至 2014 年,全省共认定了 81 家省级建设行业企业技术中心,基本涵盖了浙江省建设领域的龙头企业。

建设企业技术中心认定是国家评定建设企业特级资质的前置条件,在建设行业中反响巨大。经过近 5 年的努力,浙江省建设行业企业技术中心在组织形式、研发投入、人才建设、创新绩效等诸多方面均实现了质的提高。本节综合运用 2014 年与 2010 年建设行业省级企业技术中心的评价数据,对拥有省级企业技术中心的建设企业的创新能力进行评价。

(1)整体实力强劲夯实

得益于我国持续的基础设施建设以及房地产市场的持续升温,浙江省的建设企业普遍实现了快速的增长,并不断夯实持续发展的基础。2014 年,省级建设企业技术中心所在企业实现产品销售收入达到 6956 亿元,约为 2010 年的 3.4 倍,年均增长约 60%;实现销售利润为 144.8 亿

元,比 2010 年增长 158.1%,年均增长约 39.5%;2014 年末企业从业人员达 139 万,比 2010 年的 76 万,净增 63 万人,增长 82.9%,年均增长 20.7%,解决了巨大的社会就业问题。

表 3-10 拥有省级建设企业技术中心的企业总体情况

年份	2010	2012	2014
从业人员数(人)	759494	1040000	1396314
产品销售收入(亿元)	2043	4056	6956
产品销售利润(亿元)	56.1	83.2	144.8

拥有省级企业技术中心的建设企业在浙江省建筑行业拥有举足轻重的地位。2014 年全省建筑业完成总产值 22664 亿元,比去年同期增长 12.2%,2014 年全省建筑行业拥有省级企业技术中心 81 家,虽然拥有省级企业技术中心的企业数量占比建筑业企业总数仅 1.2%,但从业人数达到 204 万人,占当年建筑行业人数的 30.4%,完成建筑业产值达到 7366 亿元,占全省建筑业完成总产值的 32.5%。

建设行业省级企业技术中心的建立,为推动建设行业实现可持续发展奠定了重要的内部保障基础,为建设行业在后金融危机时代实现跨越式发展提供了坚实的技术支撑,为推动社会经济的发展做出了重要贡献。

(2)创新投入有效保障

建设行业省级企业技术中心的创新投入呈显著增长的态势,为技术中心的研发活动提供了有效的保障。2014 年,建设行业省级企业技术中心的科技活动经费支出总额达 19.8 亿元,比 2010 年增长 205.5%,占当年拥有建设行业省级企业技术中心所在企业销售收入的 0.28%。

表 3-11 拥有省级建设企业技术中心的创新投入情况

单位:亿元

年份	2010	2012	2014
科技活动经费支出额	6.5	10.2	19.8
科技活动经费支出占比	0.32%	0.25%	0.28%

由于 2014 年省级建设企业技术中心所在企业的产品销售收入比 2010 年增加了近 2.4 倍,高于科技活动经费的增长,因此科技活动经费的支出占比还是下降了 0.04 个百分点。不过,建设企业销售收入的高速增长,也为建设企业持续增加创新投入提供了坚实的财务保障。

（3）创新人才规模扩大

建设行业省级企业技术中心人才规模不断扩大,高层次技术人才数量不断增加。2014 年,建设行业省级企业技术中心的职工人数为 5297 人,比 2010 年增加 135%,年均增加 33.7%;高级职称人数 1954 人,比 2010 年增加 101.8%,年均增幅 25.4%;一级注册建设执业师 6635 人,比 2010 年增加 68.5%,年均增幅 17.1%。

表 3-12 拥有省级建设企业技术中心的人才基础情况

单位:人

年份	2010 年	2012 年	2014 年
职工人数	2254	3276	5297
高级职称人数	968	1186	1954
一级注册建设执业师	3938	4285	6635

人才壁垒在建设行业尤其典型,技术中心持续增长的高层次人才数量为建设企业申请专业资质以克服行业的资质壁垒奠定了重要基础。如广厦建设集团技术中心拥有高级专业技术职称的技术人员达到 105 人,

另有 985 人拥有中级职称,技术力量雄厚,为广厦建设集团成为建设部首批授予房屋建筑工程特级资质的企业做出了重要贡献,也为集团申请并获得地基与基础工程、建筑装修装饰工程、建筑幕墙工程、园林古建筑工程、机电设备安装工程等领域的一级专业承包资质奠定了最重要的人才与技术基础。

(4)合作创新有效增长

在建设行业,以各类建筑设计(研究)院为代表的科研院所,在行业中具有非常重要的地位,覆盖前期咨询、规划、设计、工程管理、工程监理、工程总承包、专业承包、环评和节能评价等固定资产投资活动全过程,拥有许多行业的稀缺资源与高层次人才。此外,以同济大学为代表的高等院校则在行业前沿技术及人才培养方面具有很大的优势。

为了充分利用这种外部的创新资源,拥有建设行业省级企业技术中心的建设企业纷纷与各建筑设计(研究)院建立了大量的创新合作,且创新合作的增长速度十分迅速。2014 年,建设行业省级企业技术中心对外合作项目为 532 项,比 2010 年的 240.2 项增加 121.4%。如宏润建设集团积极加强与华东建筑设计院的合作,还与同济大学、浙江大学、武汉理工大学等多所高校开展多种形式的产学研合作;宝业建设集团与同济大学建立战略合作关系,以加强在信息化与工业化的融合、项目合作及市场应用、基地建设等领域的技术能力。

(5)创新成果日益显著

建设行业省级企业技术中心取得了丰硕的创新成果。首先是专利数量的增长,如表 3-13 所示。2014 年,建设行业省级企业技术中心被受理的专利申请 389 件,比 2010 年增长 75.2%;被受理的发明专利申请 136 件,比 2010 年增长 78.9%;拥有发明专利 414 件,比 2010 年增加 370.4%。其次是新产品利润的增长。虽然拥有建设行业省级企业技术中心的企业 2014 年的新产品产值率是 16.0％,比一般工业企业的新产品产值率要低得多,但新产品利润率却实现了 14.1％ 的增长。

表 3-13　拥有省级建设企业技术中心的创新成果情况

单位:件

年份	2010	2012	2014
被受理的专利申请数	222	279	389
被受理的发明专利申请数	76	98	136
拥有发明专利数	88	195	414

　　丰富的创新成果极大地增强了浙江省建设企业的行业地位。广厦建设集团已获国家级工法、主编国家标准、完成省级技术研究项目、获得专利和 QC 成果共计近百项。宝业建设集团主编完成国家和行业标准 3 项,参编国家和行业标准 9 项,获得国家级工法 5 项、国家专利局授权发明专利、实用新型专利 30 余项,编制的《精品工程质量控制与细部做法》一书,被浙江省建筑业行业协会在全省进行推广。丰富的创新成果有效支撑了建设企业在各类高难度工程中的建设。宝业建设集团累计创建国家级、省级示范工程 50 余项,完成了北京航天二院、上海陆家嘴时代金融中心、杭州萧山国际机场国际航站楼等一大批高精尖工程,并凭借这些示范工程累计获得中国建筑工程质量最高奖"鲁班奖"工程 13 项和"鲁班奖"突出贡献奖、"国优银质奖"工程 12 项、"詹天佑奖"工程 2 项及 500 余项浙江省"钱江杯"、上海市"白玉兰杯"等省部级奖项工程。宏润建设集团在市政路桥、轨道交通等领域积累了较强的技术实力,在上海先后承建了南北高架、延安路高架、鲁班路立交、徐浦大桥、卢浦大桥、浦东世纪大道等一系列标志性工程项目。

创新二十年
——浙江省企业技术中心建设之路

INDUSTRIAL INNOVATION

第四篇　创新，势不可挡

从前不曾想，甚至不敢想的事物，逐渐成为司空见惯，这是"创新"赋予我们的乐趣。而这个过程往往是一场追逐淘汰赛。十年前的你是否能想到，只是一个孩童成长幼学的光阴，手机巨头诺基亚在全球大面积裁员，而"苹果"俨然是"新王者"的符号；几乎每千米可见的"柯达"已经申请破产保护，现在沿途兴建的充电站告诉我们，汽车开始"吃"电了……

正是"创新"所带来的变幻莫测，才让我们对未来充满了希冀。也是对于这份希冀的衍伸，在未来的创新体系建设上，我们给予了更多的倾注。我们无法告诉你，未来会诞生什么，但是我们可以掷地铿锵地说，沿着创新的轨道，我们正在改变……

一、开放条件下创新体系及能力的变化

开放式环境中，世界图景呈现出多元的、复杂的、各要素相辅相成的发展趋势，对于处于这一复杂系统中的创新实践，需要从全球视野综合物质、社会和认知等各种复杂因素来全面考察。因为，无论对于较大的发达经济体的持续发展，还是对发展中经济体对创新日趋成熟的认知，都需要我们的社会不断刺激持续性的创新行为，激发科技创业的精神，因为只有创新才是经济增长的重要动力。特别是随着国际范围各个政府和社会对创新系统公共干预、全球化学习型经济的发展，以及产业环境的国际开放程度加深，都需要从全球视角来设计创新体系，从而催生全球化创新范式的形成。

受全球化创新范式的影响，一方面，国家创新系统（NIS）已经超越了本经济区域的界限，将视线投射到经济共同体的组织形式，如经合组织、东南亚联盟等，投向国家边界之外的各种可能的合作机会，由此，正逐渐形成了超国界的创新资源整合架构，这种架构对 NIS 效用的发挥和国家创新政策的制定提出了新的挑战。另一方面，转型经济和后发经济国家，也正试图抓住全球化创新态势，在不断构筑和强化自身原有某些专业领域（如生物、健康、医药开发、信息通讯技术等领域）的技术创新能力的同时,正力图整合全球范围的专业知识和信息,通过迅速切入新兴科技领域的前沿技术,实现创新道路的转型和技术赶超。所以,无论是国家还是产业层面,构筑全球化创新范式下的技术创新体系,越来越成为国家实现快速创新突破和能力追赶的一条有效路径。

在全球化创新范式下,区域创新体系需要积极应对开放式的创新环境对其发展提出的新要求:首先,需要着力解决国家创新体系内部在政策制定方面长期形成的创新碎片化现状,这就需要跨部门合作并形成各级政府内的各种正式和非正式联动机制,从而有效开展区域间和区域内的合作创新;其次,受益于全球化学习型经济的发展,国家层面的创新体系就可以经由这种持续交互学习来不断捕捉创新活动间潜在的互补关系,进而不断生成各类新型的合作,在此基础上,体系才能持续有效地发挥作用;其三,因为创新所需的高技术人力资本缺口目前越来越成为制约经济发展的重要因素,高技术劳动力市场之间的网络状况(高技术劳动力在不同区块间的流向和流动频率)可能是影响区域竞争力的关键要素,因此,政府需要加强对高技术劳动力市场网络关系的认知和政策制定,从而不断巩固本区域的创新竞争优势;最终,创新和持续的竞争优势永远无法一蹴而就,在此期间,政府制定和执行长期创新政策的能力就成为创新体系能否切实发挥作用的关键。对以上问题的关注和解决不仅对发达国家而言至为关键,对于创新追赶型的国家来说,则更加需要结合实际发展状况制定清晰的创新目标,并由国家成立合适的创新协调机构来克服创新追赶过程中的一些重大阻碍和问题。

无论对于发达国家、还是发展中国家,创新政策的制定和执行能力都是影响创新系统作用发挥的关键要素,而越来越多的区域创新实践也表明:因为创新体系总是会凸显以知识为基础的集聚效应,那么,在制定创新政策时强调发挥高知识机构(如大学和科研机构)的创新和创业集群角色就非常关键了,这种政策也常常能催生区域相关产业的连锁反应和链条式发展模式,从而形成基于知识创新的产业创新体系和创业集群,并会及时反哺区域内的大学,创新创业型大学将成为未来区域创新体系中的关键知识节点和人才供给节点,对于区域政府而言,也就更加需要在该政策内容里进一步探讨知识生产与产业结合的关系以及相关组织间的协同关系。

但是,虽然大学能够同时承担创新体系中的知识创造和知识引进、吸收及转化的任务,但由于大学"象牙塔"角色的路径依赖问题,对于大学在国家创新体系中的作用发挥实际上形成了桎梏,只有当大学从"象牙塔"的角色认知转变为"实验室"的角色认知,才能真正地服务于社会的知识劳动生产率,并通过了解社会实情、解决社会上相关亟需行业的人力资本缺口等方法,从而真正成为区域创新能力与区域经济增长之间的重要链接节点,帮助区域经济发展获得突破。其中区域中新涌现的创新驱动者——创业型大学需要特别引起我们的关注,除了能担纲知识和高层次人才的输送方角色之外,创业型大学拥有多元知识、组织进化和集体创业等特征,使得大学自身就足以实现科技和商业的联系,从而有潜力、有动力成为区域中最活跃的创新因子。

通过回顾和预测大学等公共研究机构的创新创业能力,并在此基础上扩展开来可了解到:区域的经济基础、经济发展模式的选择、公共政策定位、投资导向、公共创新基础等创新环境要素是区域创新系统作用发挥的环境要素,区域内的各类科技中心、私人技术经纪、公共创新筹资部门等资源中介是促进区域内的知识流动、吸收和转换的重要服务角色,这些要素和角色的作用发挥都会增加区域知识交换的渠道和提升创新互动的空间层次,继而对区域创新行为产生重要影响。基于此种制度安排和结构优化而形成的区域创新环境塑造能力和创新资源集聚能力是促使区域创新生态良性成长的关键,企业在良好的创新生态中才能自然选择、大有所为。

在过去 20 多年的创新赶超过程中,企业间竞争格局非常复杂、难以预测并且快速变化着,"能够存活下来"已经超过了企业原本要实现利润最大化的目的。即使是有能力坚持创新的企业,也仅仅是能够把握创新赋予的暂时的垄断性竞争优势,无论是区域政策环境、企业与政府间的政治关系、财务约束,抑或是局促的人力资本等,都快要湮灭大多数企业的创新欲望。如何在新的更严酷的环境中生存乃至获得竞争优势,是企业新核心能力建构的关键问题。当前乃至未来的创新环境将持续残酷并可能出现突变,同时也意味着可能会出现一些新的重大发展契机,企业应该如何应对危机并顺势把握这些机遇呢?

对于具有一定创新能力的企业而言,有研究显示:企业创新的发展瓶颈不仅仅是因为缺乏资金,主要受限于企业自身创新能力的强弱,创新能力强,则更容易获取技术资源和吸引更多的创新资金投入,反之则很难再形成合力,此谓创新的马太效应。对于该类型的企业,未来需要更多地思考商业模式,从而更加稳固企业在技术商业化方面的能力;并重新考虑决策过程中权利的分配问题,为企业可能新凸显的创新构思提供更多的露脸机会。对此类型企业,新核心能力的建构意味着模式的不断突破以及赋予新模式发展的权力。

对于另一类型企业,可能常常需要借助行业内知识外溢和行业共享的创新成果才能生存下来,SKIN(创新网络中的模拟知识动态)显示企业需要借由合伙关系或参与到其他公司网络中的创新,才能实现自身的创新和盈利,在同一区位中,许多无法成功实施开放式创新模式的企业多是因为缺乏促进和利用合作的能力(无论是在公司内部还是与外部的合作伙伴之间),首先内部缺乏学习的微观环境,导致企业吸收能力不强,也就更毋庸谈论吸收本地的知识溢出了。该类型企业的创新发展途径除了潜在的行业合作伙伴之外，有时还需借重区域中的关键技术部门外力或直接邀请大学的某些机构为其做知识代理，以望谋求某一行业细分方向的深化发展。对此类型企业，对其新核心能力的要求则是：建构新发展环境下内部技术学习体系的能力、外部技术协作的机会获取能力以及内外部技术反馈转化的能力，谁能在外部协作中赢得行业青睐和政策关注，并能够迅速反馈、抢得先机，谁就拥有了在该领域中率先生存下来并可能获得发展的机会。

对大多数企业而言，要形成面向未来的新核心能力，除了要能够适应当前竞争环境，更高要求则是形成新的动态核心能力。这一动态核心能力形成的过程并不仅仅是企业出于提高速度和灵活性的考虑，去利用一个特殊的新的市场机会进行推广，也不仅仅是采用某种单一的关键新技术，而是如何在一个组织内推动能力发展、从而实现管理创新的过程。该过程中，至为关键的是形成企业学习能力，该学习能力既是企业内部学习微观环境的塑造，也是企业开发或获取新产品所需的新知识资源的能力。从技术水平和学习能力两个维度对企业分类考察后可知：高技术水平和高学习能力的企业能更灵活地选择和开展内部或外部创新，相反则更倚赖合作创新模式，中等学习能力的企业需要深入思考模式创新的问题。

动态能力是一种主张积极和即时应对变化的企业竞争优势，同时也能够促使企业形成新的运营发展机制，通过及时感应外部信息、捕捉新的发展机遇和重新配置资源这一不断推进提升能力的过程，则会深刻影响其未来的市场和技术能力发展曲线。另外，在动态环境下，企业关注的焦点由静态资源逐渐转变为动态的资源管理。在探索企业的资源与能力之间的关系后发现：有形资源的构建可以帮助企业提高应用能力，但其与企业探索能力呈倒 U 型关系，无形资源可以促进探索能力和应用能力提高。这一发现启示管理者：相对富余的资源有可能导致企业在创新方面不思进取；另外，因为无形资源的动态性更强、可控性较低，当企业拥有的资源大部分为无形资源时，出于生存的警惕性，会不断强化探索和应用能力，否则无形资源的贬值和消失会更为迅速。企业动态资源管理的未来发展重点可能会逐渐聚焦在无形资源上，动态环境要求企业主动为自己解除生存和发展的"笼子"，才有可能以新的动态能力把握开放式环境下的新机遇。

无论是对于企业生存状况、行业进步速度，还是区域经济选择、国家实力构筑，抑或是国际化合作等等各层次思考的主题，创新及创新能力的建构都成为横亘于"发展"这一主题面前的不可回避的选择。发展中经济体如巴西、印度和中国有越来越多的技术创新中心，推动新的创新模式出现。但是，因为在不同区域中可获取的资源和层次不同的创新能力，以及参差不一的产品和服务需求，不同区域的创新体制和组织机构设置也会受到不同的限制，这就需要从区域发展的优劣势出发，选取各自可行的创新窗口，而非不断复制和实验相同的创新模式，同时需要强化学习，对于某些行业的技术学习方式研究发现：中国的公司已经巩固了生产能力和技术学习能力，但很少发展创新能力，这种状况的形成多半是由于政府和产业系统的技术学习是各自为政的，政策服务和产业需求无法进行对接，一方始终制约另一方的发展，这是中国某些产业创新能力低下的主要原因。从区域层面的技术发展和商业转化过程视角来看，仅有五分之一的中国区域系统位于相对较好的创新实践前沿面上，多数中国区域系统的上游技术研发能力和下游商业转化能力存在显著的不协调，商业转化能力在中国区域创新系统的创新绩效中需要发挥更重要的作用。

对于未来我国企业的创新能力建构、产业技术进步和区域能力提升的发展诉求，需要关注政府对长期创新政策的制定和执行能力、区域创新系统的密度和制度安排、知识网络中超越空间区域的远距离知识链接能力、行业内技术协作能力、开放式环境下的企业创新资源网络建构能力及企业内部微观学习网络的作用，并需要持续不断地通过系统整合来协调企业间、企业与创新要素间的关系模式，该模式未来调整的方向有可能是：强调市场力量、网络化、互动联系、知识资产、动态配置的作用，区域内众多因素的自组织作用，区域与环境间的相互联系，要素间的系统整合模式决定了区域创新系统的价值和区域经济运行的质量，归结为一点就是创新决定系统的价值和发展的质量。

二、企业技术中心发展新趋势

（一）研发网络国际化

随着企业间竞争的不断加剧和创新格局的重构，研发网络国际化拓展已经成为我国企业战略管理和技术创新管理的新趋势。企业研发网络的国际化主要涉及海外研发网点选址、研发网络节点间互动、研发人员国际流动、研发网络内部知识分享与整合以及技术转移和吸收等重要议题都吸引了学术界和管理实践界的高度关注。尽管以焦点企业为中心的研发网络国际化兼具参与主体和过程的动态性,又涉及跨国经营、技术创新和知识管理等多个领域,具有较高程度的复杂性,但其对中国企业通过"走出去"提升自身实力具有极为重要意义。

从当前我国企业的管理实践方面看,通过立足全球的研发网络构筑在竞争激烈的国际、国内市场求得生存和发展,对于我国企业提升国际化经营水平和提高国际竞争力有着十分重大的现实意义。目前,影响我国企业开展跨国经营的国际、国内环境都在发生剧烈变化,经济全球化、贸易和投资自由化与中国加入 WTO 等因素将为我国技术型企业进入国际市场带来新的机遇和挑战。无论是浙江吉利控股集团有限公司以 18 亿美元收购沃尔沃轿车公司 100％的股权,并在瑞典哥德堡设立吉利集团欧洲研发中心进行中级车模块化架构和相关部件的研发工作,还是华为与加拿大北电网络(Nortel)方面共同组建合资公司,面向全球市场开发超级宽带接入解决方案,都标志着我国企业研发国际化进程中的地理边界拓展进而带来的组织整合和知识拓展方面的重要突破。

从企业研发网络国际化的发展过程看,早期的企业研发网络国际化构建主要是单纯地考虑跨国公司设立海外研发机构的地理边界拓展现象,从经济地理以及网络形式内化企业间交易成本的视角来揭示研发网络国际化拓展对于网络内企业、科研机构、大学等节点的研发流向多样化的影响。随着企业自身技术的发展,管理水平的不断提升,越来越多的国内企业开始通过网络的构建来探索跨国公司如何有效协同跨组织边界的合作研发以及如何通过多重嵌入来利用技术知识溢出效应,以实现企业创新绩效的提升。从目前中国企业研发走出去的现状来看,现有企业在国际研发网络构建的过程中高度关注企业吸收能力、组织冗余、技术多样性等因素在此过程中发挥的作用,以期解构研发网络国际化作为权变因素对跨国公司提升创新绩效、知识转移效率、技术能力、市场能力和组织学习能力提升的积极作用。综合看全球研发网络构建过程中节点企业的技术能力提升机制，一方面，发达国家跨国公司利用发展中国家的成本优势和市场优势构建研发网络，并通过反向创新（reverse innovation）过程使得研发知识重新进入发达国家。另一方面，中国跨国企业作为发展中国家的代表，在克服自身技术和市场资源劣势进行国际化过程中具有抢眼表现，仅靠目前探讨的单向知识溢出机制来被动地接受国外技术已然不够。

企业研发网络国际化的未来趋势将不仅表现在地理位置的不断扩展、完善全球布点，更重要的是更多类型的组织节点融合以及更高水平的知识获取、整合和吸收。研发网络国际化构建对于我国企业创新能力的引领作用需要在响应我国研发"走出去"政策的号召基础上，深入识别我国独特的制度、产业和资源等条件下相关的研发国际化动因、情境与过程，及其如何借助积极的国际研发网络构建获取发达国家的核心能力和关键技术，从而促进自身技术水平的提高。具体地看，在企业技术中心评价建设工作方面，既需要关注企业海外研发网络构建进程中对外研发合作项目、专家、研发机构等数量上的指标，更需要关注刻画在此过程中能力提升和技术储备积累、知识吸收转化等质性指标的引导作用。在当前中国企业高度重视自身能力建设的发展背景下，企业基于无边界组织学习，通过全球研发网络的构筑实现技术创新能力动态演化和技术追赶，充分利用"引进来"和"走出去"的国家政策号召整合全球范围内的技术资源，夯实我国企业的知识基和技术基。国际化背景下的研发网络建设立足于"以我为主"并从世界领先技术中心高效统筹知识、人才、管理、研发支持等方面的要素，实现了企业创新能力提升从"输血"到"造血"的质的转变，具有这样时代意义的新型国际化研发网络议题对我国高新技术企业的管理实践具有重要的指导意义。

（二）系统架构无界化

在企业研发网络国际化的过程中，走出国门建立跨边界的研发系统已经成为中国企业提升创新能力的重要战略选择。例如，万向集团通过一系列对美国企业的收购兼并，不断整合单元技术完善自身的技术体系，构建起模块完整、架构清晰的全球研发系统；吉利集团通过与英国锰铜合资、收购澳大利亚 DSI、收购沃尔沃、建立瑞典研发中心等逐步递进的研发系统构建过程，让原本难以模仿与吸收的国外成熟技术为自身服务。在全球化的开放背景之下，企业跨边界研发系统架构的构建呈现出以下趋势。

首先，跨边界研发系统架构的构建方式呈现出多样化趋势。随着全球化竞争的日趋激烈和中国企业自身能力的不断提高，传统的专利收购、技术合作和技术学习等研发系统建立方式已经无法满足企业技术追赶的需求，企业更多的是通过兼并、控股、合资、自建等方式的结合使用，构建起专门为自身的创新能力提升而服务的跨边界研发系统。企业的创新能力不再是单个企业的能力体现，而是越来越成为平台的竞争和网络的竞争。在企业获得跨边界的伙伴关系之后，需要在新建立的系统边界之内对这些关系进行整合，这种整合也不再局限于合作关系与股权关系，自建、合资、全资收购、控股、设立合作机构等方式可以有选择性地同时使用或交叉使用。借助中国企业在资本积累上的优势，通过多样化方式构建跨边界研发系统，企业可以引入在全球范围内搜索到的目标技术，克服在引入过程中由于自身技术能力相对较弱以及跨边界行动涉及的制度因素带来的阻碍。

　　企业构建跨边界研发系统，使企业的创新能力不再是固化的概念，企业的知识更多来自跨边界的搜索与整合机制，企业的创新能力提升依赖于用不同的构建方式获得的系统内各个节点的整体运作。而企业研发系统内多样化的伙伴技术属性、节点构建方式，决定了技术获取的可能性与潜在质量，成为研发系统架构构建的基础。多样化的节点选择、伙伴关系与构建方式能够满足企业自身水平无法实现的创新需求，企业的创新活动会变得更加开放和动态。因此，多样化的系统架构构建方式的选择和运用的趋势，会给企业的创新活动带来包括信息、知识、人才、渠道、过程等全方位的支持，从而可以更全面地提升企业的创新能力。

　　再者，跨边界研发系统的组织战略与技术战略形态呈现出非对称的趋势。根据架构理论，企业在构建研发系统时必须让构建组织体系的方式和构建技术体系的方式相对称、相匹配，才能最大程度上发挥系统协调运作产生的优势。然而，中国企业到发达国家获得节点从而构建系统的过程中，由于本身技术基础比较薄弱，而且与西方先发企业存在内部文化和外部制度的巨大差异，很难做到同步地实施相匹配对应的组织战略和技术战略。首先，在技术层面，由于自身技术能力较弱，而国外目标的技术能力较强，中国企业就很难影响技术架构的关键部分，继而也很难掌握技术架构的控制权，这会导致研发网络内的技术难以为自己所用。其次，在组织层面，中外企业长期处于不同的外部制度、文化环境之中，企业内部的认知与文化也千差万别，这给中国企业贯彻组织战略以实现组织整合带来了巨大的难度。因此，中国企业的组织战略与技术战略形态呈现出非对称的趋势，比如首先实施组织整合再逐渐展开技术融合，或者建立组织形态与技术系统形态完全相异的研发系统架构。企业的研发机构组织形态不再是基于传统的视角，需要有研发中心实体，需要完整的组织层级。集中式的或者松散式的组织，架构紧密的或者架构扁平的组织，或者虚拟组织，只要能够支持特定情境下的创新活动，就可以成为企业提升创新能力的关键要素。再者，技术系统与研发活动的展开方式不一定要按照组织形态的设计来涌现和实施，而是可以在一体化或者模块化程度不一的体系内，逐渐培养企业对研发系统内技术的掌控力和影响力，尤其是对跨边界的研发活动或研发项目的牵头、运作、影响和监控能力，从而提升企业在开放条件下的创新能力。

不对称地开展组织战略与技术战略的设计与实施，可以让中国企业在构建跨边界研发体系的过程中迅速找到突破口，从而在支撑起初步的系统架构的情况下，快速提升自身的创新能力。研发系统的组织战略设计体现了企业对研发网络所面临的管理问题的响应思路，技术战略设计反映了研发网络进行技术分工的方式，从而体现了企业为提升创新能力而进行的研发活动的特性。因此，是否合理、巧妙地设计了组织战略与技术战略，是否通过两者的有效互动保证了企业创新能力的提升空间与发展潜力，关系到跨边界的研发系统是否能够真正服务于技术中心的创新能力提升。选用"不对称"但却更加合理设计的研发系统技术架构和组织架构，可以让企业根据自身实力与面对的环境，寻找并获取与目标技术互动过程中的主动权和控制权，从而快速地获取或者整合外部的先机技术，服务于自身创新能力的提升。

总之，结合上述两个趋势及其分别对提升创新能力的作用，中国企业应当使用多样化的方式，构建起组织战略与技术战略之间互补协调的有机系统。在传统的对外技术学习和技术合作的模式下，企业很难通过与领先企业的互动掌握领先技术的精髓，因此也无法在短期内实现目标技术领域内的技术追赶。如果中国企业用多样化的方式跨越地理边界和组织边界整合全球研发系统，并且设计、构建和完善最适合自身的研发系统组织战略与技术战略，就可以帮助企业更容易、更快速地获得技术的追赶和能力的整合，从而系统提升企业的创新能力。

(三)研发形态分散化

研发分散化是创新驱动背景下企业追求创新、实现技术能力追赶的重要战略。长久以来，中国作为著名的世界制造工厂，在积累丰富制造技术的同时，也积攒了一定的研发知识与技能。随着国际竞争的日趋激烈，中国企业不得不在国外市场甚至国内市场面对全球领先公司的直接竞争。如果仅仅采取模仿、逆向工程等方式开展本地搜寻战略以追赶技术，企业往往会陷入"追赶—落后—再追赶"的怪圈，甚至掉入"本地锁定"的陷阱。于是越来越多的企业将子公司或者研发机构安置于全球各地，比如来自传统链条行业的龙头企业代表东华集团将研发网络拓展至日本、德国等发达国家，来自新兴汽车行业的吉利集团在全球各地都开展研发活动，以搜索和整合来自全球的知识，从而构建起分散式的创新网络。然而，分散化战略同时会给企业带来风险与成本。作为新兴经济的代表，一方面中国各地区之间存在显著的制度差异，知识资源呈现出极度不均衡且快速变化的特征；另一方面，与发达国家之间存在较大的技术落差与制度落差。因此在这种情况下，构建分散化的研发网络势必会带来更大的风险与成本。

将上述悖论综合纳入考虑，目前，在研发分散化的新趋势下，如何布局研发分散化战略以收获更好的创新结果成为理论界与实践界关注的焦点话题。来自理论界的最新研究进展认为，解答这个复杂问题的关键在于企业需要构筑起动态的学习能力，识别合适的组织学习路径以匹配分散化过程中呈现出来的不同特点,在尽最大可能放大研发分散化给企业带来知识优势的同时,缩小分散化给企业带来的风险与成本,从而促进企业创新。具体而言,对企业的实践启示如下:

1. 当企业跨国家边界进行研发分散或者分散进入一个全新技术领域,即存在较大的制度落差与技术落差时,比较重要的学习路径是:先采用"模仿、逆向工程"等借鉴学习的方式引进、吸收新知识,再在此基础上通过"实验"等经验学习的方式对这些知识进行消化再创新。

2. 当企业跨区域边界进行研发分散或者分散进入一个较近技术领域,即制度落差与技术落差都比较小时,比较重要的学习路径是:以企业自身采用"实验研究、电脑仿真"等经验学习的方式对相关技术进行探索为主线,在探索过程中遇到困难向其他科研院所、高校等机构进行咨询。

3. 当企业在本地或者在原先技术领域开展技术搜索时,比较重要的学习路径有两类:第一类是企业自始至终开展经验学习;第二类是在经验学习的过程中穿插以问题解决为导向的借鉴学习。

综上,在研发分散化的趋势引导下,企业应该重视起构建研发分散化能力。研发分散化一方面能够帮助企业搜索更新更广的知识,是企业创新能力构建的重要投入要素,另一方面能够帮助企业将自身创新成果更好地推广到各个异地市场,是企业创新能力应用的重要战略。进一步的,至于如何构建研发分散化能力,企业需要建立起合理的学习机制,在恰当的时候选择恰当的学习类型。最后,在未来设计企业技术中心评价体系时,应该合理考虑"企业海外研发布点的战略行为","是否拥有科学有效的学习机制"等要素的话语权。

（四）战略导向多元化

推出新产品、提升创新能力对于制药企业的生存和发展至关重要。在新药研发方面，尽管中国的研发成本相对较低，但是研发周期长、投入资金多、高风险以及不确定性，使得中国制药企业的创新绩效与国外发达国家差距非常大。然而，在企业的实地调研中我们发现，国内少数有实力的制药企业早已开始了转型升级和创新药物研发的探索，并取得了显著成效。那么这些制药企业是如何不断地推出创新药物，从而实现创新追赶的呢？研究表明，焦点企业的研发网络对于其获得外部有价值的知识、消化吸收企业内部缺乏的有价值隐性知识十分重要。然而，企业战略层面的因素（战略导向）对研发网络发挥着关键作用，因此，本章关注研发网络特征变化中战略导向的这个新趋势。

接下来，我们分析研发网络构建中战略导向这个新趋势对创新能力的影响。我们从三个维度来刻画研发网络特征，网络规模、网络开放性和网络资源异质性。战略导向是指公司为了指导其活动面向持续更优的绩效所实施的一种引导并影响企业活动的战略方向。市场导向和技术导向是重要的战略导向，因为它们使企业具备了实现竞争优势的能力。市场导向是指一种战略方向，这种战略方向决定了企业寻找并使用市场信息从而创造并传递卓越的用户价值的优先权配置。技术导向是指企业倾向于引进或使用新技术、新产品或创新的一种战略方向。目前战略导向研究出现的新趋势：以往战略导向领域的文献一般仅聚焦于某一特殊导向的作用，只有非常有限地研究分析了不同战略导向之间的相互作用。很多研究都指出单一的战略导向是不够的，平衡若干战略导向才产生更先进的公司文化,为组织提供可持续的竞争优势,从而使企业能表现得更好。通过选取恒瑞、先声、贝达三家典型的创新型医药企业为例,通过长期跟踪、深入剖析其纵向发展过程,得出以下结论:第一,焦点企业的研发网络三个特征会正向影响企业的创新能力。第二,焦点企业的战略导向会对其研发网络特征产生正向作用。具体而言,市场导向只会在一定程度上正向影响研发网络规模这一特征;创业导向会在很大程度上正向影响研发网络的三个特征。第三,单一市场导向对产品创新能力影响较小,当高水平市场导向与高水平创业导向相结合,形成一种互补协同的战略导向组合时,企业的产品创新能力更高。

研发网络构建中战略导向这一新趋势对于创新能力提升的管理实践意义在于:第一,对起步晚、内部资源基础薄弱的中国医药企业来说,在创新过程中应避免过于依赖规模小、封闭的以及网络资源单一的研发网络。第二,国内医药企业更需要培养创业导向而不能过度重视市场导向。因为企业的市场导向更倾向于通过价格竞争和市场竞争来提高优势,忽视了对未来新技术的开发,并且市场导向对产品创新绩效的提升作用比较有限,而创业导向对研发网络特征的正向影响更大。第三,对于缺乏全球领先的技术与市场资源的中国医药企业来说,在构建研发网络时,需要更加重视国外用户,因为国外用户通常是一项产品或技术的最顶级用户。

对于企业技术中心评价的启示:1.应增加对企业战略因素的评价,如是否制定了长期的战略规划并执行,该战略规划是否产生了良好的绩效。2.应增加对市场导向的评价,企业是否强调"用户拉动",即将创造并维持卓越的用户价值放在企业首要位置,以及强调的程度。3.应增加对创业导向的评价,企业是否强调"技术推动",非常重视高额的研发投入、积极地获取新技术、使用最新技术来指导企业的新产品开发,以及强调的程度。

(五)创新活动绿色化

企业社会责任(corporate social responsibility,CSR)是今后二三十年中国企业可能面临的最大问题,将成为企业创新的重要来源。面向 CSR 的创新具有四个基本特征:第一,创新目标具有"二元性",追求企业与社会的双赢,与传统的创新相比,面向 CSR 的创新将环境、社会维度纳入到创新价值的评价中,追求企业的可持续发展。第二,创新内容具有动态性和多样性,面向 CSR 的创新是一个高度情境化的构念,其内容会随着时间和空间的变化而变化,涉及产品、工艺、管理和商业模式多个方面的创新。第三,创新过程具有复杂性和系统性,涉及多元化的知识,且需要对产品整个生命周期进行社会和环境影响评估,因此其研发对外需要供应商、客户的参与和合作,对内需要跨职能(如研发部和社会责任部)的合作。第四,创新结果具有"双重外部性"——知识溢出和提升社会福利,与传统的创新相比,面向 CSR 的创新不单以经济绩效来衡量创新绩效,还将社会和环境绩效纳入到创新绩效的评价体系中,这样社会福利会得到提升。具体而言,面向 CSR 的创新包括企业社会创新、生态创新、朴素创新等。

第一,企业社会创新。企业社会创新是指具有社会意义的创新,首先,企业可以将社会问题作为识别未满足的需求和开发可开拓新市场的解决方案的学习实验室。比如针对金字塔底部(Base of the Pyramid,BOP)的市场进行的创新。BOP 市场的开发不能等同慈善和 CSR,而是把这些看成一个市场机会,作为企业的核心业务。

第二,生态创新。生态创新是指能显著降低环境影响且能为企业带来商业价值的创新。一个更为具体的定义是——生态创新是创造新的和有竞争力的有价产品、工艺、系统、服务和流程，它们能满足人类需求且在为人们带来品质生活的同时单个产品在整个生命周期使用最少的自然资源和释放最少的有毒物质。生态创新被认为是创新学科的突破、环境友好型增长和跨越式发展的源泉，以及下一次产业革命的开端。

第三，朴素创新。朴素创新是指高性价比的创新，其能满足受财力限制的消费者需求。朴素创新对于新兴经济体特别重要，其能满足追求高性价比的新兴市场快速增长的消费需求，比如山寨手机等。朴素创新以精准的市场定位，关注消费者的核心需求，使得企业在新兴市场具有更强的竞争力。

要实现面向 CSR 的创新，一方面需要政策制定者对企业进行积极的引导和鼓励，让企业意识到面向 CSR 的创新能使得企业和社会双赢，另一方面需要企业管理者进行组织架构的调整，在研发过程中纳入企业社会责任的评价标准，以提升企业面向 CSR 的创新水平。

（六）产业追赶协同化

新兴经济背景下，中国怎样实现产业层面的创新追赶？关于这一问题的研究主要有以下三个方面的趋势。

第一，追赶情境方面，由新兴工业化国家向转型经济背景转移。包括韩国等在内的新兴工业化国家为对象得出的经验和发现搬到诸如中国等转型经济背景下，忽略了新兴工业化国家与转型经济背景的不同，忽视了独特制度背景对于中国产业技术追赶的影响，例如在转型中国中，高铁、汽车等行业展现出了明显的不同追赶特征。现有研究开始关注转型经济背景下产业追赶的实践与理论。

第二，追赶内容方面，从研发相关创新追赶向非研发相关创新追赶转移。现存理论和实践明显忽略了"非研发相关创新"，特别是商业模式创新对于追赶的重要作用，如阿里巴巴为代表的电子商务产业快速通过商业模式创新实现追赶。

第三，追赶主体方面，对产业内国有企业和民营企业的关系从割裂的视角转向互补的视角。早期理论和实践中通常从"割裂"的视角来看待不同所有制企业在我国产业技术追赶过程中的作用，如产业自主创新能力的希望在于国企还是民企之争。这种隔离的思维方式会使我们陷入非此即彼的思考困境，导致意识上和政策上的摇摆，忽视了不同所有制企业之间的差异性对产业技术追赶的重要贡献，因此研究和实践逐渐开始关注二者之间的互补对于产业追赶的重要作用。

在新的产业追赶趋势下，需要从三方面来构建和提升企业的创新能力。第一，转型经济背景下中国产业层面的创新能力构建。转型经济是指处于从以前的强调权力关系和官僚控制的计划经济不同程度地通过自由化、稳定化和鼓励私有企业等市场机制的增强向市场经济转变过程中的经济体。在转型经济背景下，产业追赶面临着更加复杂的环境，特别是STORM框架中的市场环境和制度环境对于创新追赶影响深远。市场方面，多层次的市场需求使得基于金字塔底端的不连续创新时常发生，相对低效率和低透明度的市场往往带来信息不对称，进而显著增加了创新成本。制度方面，政府相关主体（例如国有企业）加入市场竞争导致不平等产生，以及财务、法律和劳动力市场等方面的制度缺失，为产业进行追赶带来机会的同时也导致了较大的成本与风险。进一步，市场和制度环境的独特特征使得整体环境更加动态、不确定和复杂，这为产业进行创新追赶带来了机遇与挑战。

第二，技术创新和商业模式创新的协同对于创新能力的作用。理论和实践强调研发相关创新，而忽视了非研发相关创新，特别是商业模式创新这一可行的追赶方式。事实上，例如IT产业已经开始通过商业模式二次创新，成本创新，重构价值主张、价值创新以及价值获取等活动组成的系统，以克服技术能力和市场能力的缺陷，甚至捕获破坏式创新或者不连续创新的价值，进而实现追赶。进一步，正如所指出的，技术创新对商业模式创新的影响，以及反过来商业模式创新对技术创新的影响。技术创新和商业模式创新协同对于产业追赶有着重要作用，这也是理论和实践的新进展。

第三，国有企业和民营企业扮演的互补对于创新能力构建的作用。在中国的决策界和学术界，一个重要的争论就是，产业技术追赶的希望到底是国有企业还是民营企业。在讨论这个问题时，我们必须认识到，接受所有制多样性并保持企业之间的知识流动对于实现产业技术追赶非常重要。在"互补"视角下，所有权多样性作为转型经济的现实被接受，国有化或者私有化的争论就不再那么重要。事实上，在追赶早期，国有企业更倾向于国际技术引进活动而非消化吸收活动；反之，民营企业更倾向于消化吸收活动而非国际技术引进活动。在追赶后期，国有企业更倾向于技术创新活动而非消化吸收活动；民营企业则倾向于整合各种技术活动。正是因为不同所有制企业在技术活动中的不同偏好选择，客观上为不同所有制企业之间的技术能力整合提供可能，而且，这种整合往往通过技术流动、人员流动和信息流动得以实现。特别是从国有企业到民营企业的人员流动，即以"从雇佣中学习"形式的国内技术引进，有效地转移了国有企业通过技术引进获得的知识，这意味着，在新兴经济背景下的中国产业技术追赶过程中，国有企业和民营企业存在一种互补关系。

产业创新追赶实践在追赶情境、追赶内容和追赶主体方面的新趋势对中国后发企业管理者和政府决策者对于企业如何提升创新能力有着重要的启示意义。首先，企业管理者应该充分利用市场和制度环境的转变过程中涌现出的各种机会，并前瞻性地创造一些机会，实现创新能力提升。其次，企业管理者应该认识到通过协同商业模式创新和技术创新来开发和利用在转型经济背景下识别和创造出来的机会是中国后发企业提升创新能力的重要保障。最后，政府决策者应该清晰认识国有和民营这两种所有制企业在产业追赶中扮演的角色，针对不同类型的企业设定相应的评价指标，给予不同的制度支持显得尤为必要。

三、企业技术中心评价指标体系再造构想

如前面所述，随着中国企业越来越多参与到全球化的竞争中，企业研发能力、研发范式和研发环境都发生了变化，主要表现为研发国际化的不断深化、跨边界的研发网络越来越普遍、研发活动的分散化越来越明显、研发环境越来越系统和开放，基于这些变化，我们认为需要更加与时俱进的评价体系来匹配这种新的趋势，为此我们希望通过对新的研发趋势、研发活动新特点的分析，为将来技术中心新的评价体系构建提供思路。

随着研发模式的不断演进，传统的封闭条件下企业创新能力评价体系已经不能全面地反映创新能力的新特征。在学术界，提出了开放式创

新模式概念并逐渐被接受,这种范式的特点是,在研发过程中企业的边界是可以渗透的,企业的创新思想不仅来自于企业内部的研发部门和其他部门,也来自于企业外部,同时研发成果的商业化也可以通过内部和外部两种方式来实现,从而将研发成果的成功率大大提高。在这种模式下,针对相对封闭条件的企业创新评价体系已经不能全面准确地对当下企业创新体系进行评价,主要表现在以下方面:

1. 创新投入评价过于单一

现行的企业技术中心评价指标体系中,创新投入主要是集中在企业内部中投入,因此主要将创新的投入看成内部的投入,而在当前创新网络不断普及以及在研发中影响越来越大的情况下,企业整合整个创新网络资源和思想为我所用的能力,更能体现企业创新能力的新特点。在新的创新体系下,企业创新的投入应当分为内部投入和外部投入两部分。其中,内部投入不仅包括来自研发部门的内部研发投入,还应包括非研发部门的投入。由于成功的创新活动需要研发部门、生产制造部门和营销部门的所有成员加强沟通和联系,共同为用户解决问题,故这部分投入主要由新产品的生产性准备投入(如产品试制)和员工的技术知识学习费用构成。而外部投入则代表了企业利用外部创新主体进行研发的能力,如与供应商和高等院校等科研机构建立联合实验室,在距离消费者市场更加接近的海外分支机构建立研发中心后,在共同研发中投入资源的绝对数量和相对比例等。

2. 创新产出评价过于狭隘

当前创新体系下,创新产出方式出现了多样化、复杂化和跨边界的情况,因此企业将创新产品内部商业化,不再是企业研发活动的唯一选择,企业可以选择出售创新成果、联合开发创新成果和内部商业化等许多方式,因此,我们认为新的创新体系下,创新的产出,应该包括新技术本身的创造,和通过创新成果商业化创造价值。在开放式创新范式下,发明成果的商业化不再仅限于封闭式创新下的内部商业化,即利用企业内部的技术资源,整合企业内部的知识,在企业的边界内部将新知识、新技术转化为新产品,并利用企业自身的市场资源把产品投向市场。技术的外部商业化首先可以通过交易的过程获取资金,即研发成本;其次,外部商业化的过程也是对产品创新真正价值的挖掘;最后,技术的交流可以帮助企业明确自己的战略定位。Gambardella 等提出,技术的内外部商业的选择与企业规模有关——小企业出让技术的几率更大。大企业资源丰富,有利于内部进行技术商业化;而小企业存在资源不足的问题,他们同时也通过出让技术的方式与大型企业建立联系。

3. 缺乏对企业资源获取能力的评价

随着科技的迅速发展,技术创新日益显现出复杂化和跨学科化,其所需资源也涉及更多领域和更广的范围,单一企业很难完全拥有进行复杂创新所需的全部技术知识和资源。因此,企业需要整合内部资源和外部资源,才能实现创新能力最大化,即所谓开放式创新过程,这里的资源既包含技术资源也包含非技术资源。访谈中,我们发现,企业通过合作创新促使合作伙伴进行资源投入,来获取非技术资源,既可以降低创新成本、分担风险,还可以通过整合外部市场资源来实现成果商业化。同时,外部技术资源获取能力在开放式创新范式下显得尤为重要,即企业通过消费者参与、外部网络、外部参与、R&D 外包和知识产权许可等形式,从外部获取新知识和新技术的能力。因此,开放式创新过程中的创新能力,不仅仅包含企业本身知识存量的积累和激活,还应该包含对企业外部资源或知识的整合运用能力。

4. 对创新过程中战略层面识别不够清晰

传统观念认为创新过程是一个线性的过程,是按照研究、开发、生产、销售的模式进行的。在开放条件下,技术创新不再是一个简单的线性过程,而是一个复杂的、多部门、多个经营主体密切协作的综合的系统模型。我们识别出了三个核心创新过程:创新投入、创新过程、创新产出。首先,从创新投入来看,开放条件下企业的创新需要内部投入和外部投入相结合,即除了企业本身研发能力之外,还包含与外部创新主体共同研发的能力。其次,从创新过程来看,企业创新能力应表现为技术创新、组织柔性和战略柔性的有机结合。具体来说,在企业内部,除了以技术为依托之外,企业还必须统筹自身组织形式、战略决策等非技术部门要素。另一方面,开放式创新具有的非线性典型特征,强调创新的多主体性和多参与性,更要求企业具有与外部创新参与者协调沟通的能力。从这方面来讲,能力不仅仅包括由创新绩效表征的效率维度,还应包括柔性维度。

基于以上分析,我们认为新的创新评价体系应该在原有体系的基础之上,着重体现以上创新研发活动的新特点,从而推进创新评价体系的引导和评估作用,因此,我们尝试给出以下评价的测度量表,以期启发今后技术中心体系再造工作。该评价体系以研发网络系统条件下,识别出的三个核心创新过程:创新投入——创新过程——创新产出为基础,通过对不同过程的核心能力、关键因素的分析,初步构建起如表 4-1 所示的指标体系。

表 4-1   创新能力评价指标体系再造

一级指标	二级指标	指标解释
1 创新投入	1.1 开发人员投入	研发人员占比
		研发人员水平
	1.2 开发经费投入	研发投入占比
	1.3 研发合作经费投入	合作研发经费
		我方占比
2 创新过程	2.1 战略柔性	跨外部边界搜寻能力
		跨内部边界搜寻能力
		本地搜寻能力
	2.2 组织柔性	资源配置能力
		组织内部交流
		组织与外部网络成员合作
		信息化水平
		创新管理与激励
	2.3 技术创新能力	吸收能力
		集成能力
		原创能力
3 创新产出	3.1 业务收入	新产品的销售额/利润
		新技术转让获利
	3.2 商业化程度	新产品开发周期
		新产品研发成功率
		新产品市场占有率
		技术/许可转让
	3.3 自主知识产权	企业拥有的专利、版权和著作权数量、企业制定的行业标准

续表

一级指标	二级指标	指标解释
4 加分项	4.1 获奖加分项	获国家、省自然科学、技术发明、科技进步奖项目数
	4.2 机构建立加分项	建立海外研发机构

备注:

[1]得分计算方法:企业总得分＝所有二级指标的分值总和(包括加分项);各二级指标的分值＝该二级指标的得分 X 对应的行业系数。

[2]部分指标、指标具体操作方法以及指标权重,可以在实际操作过程中,根据产业情况的不同进行选择或变动。

[3]第三方评价的项目,由创新能力评价工作组织方或者组织方委托的第三方机构,根据企业上报的证明材料进行评价。评价方法为通过五分量表打分,五分量表所得分数按比例转化为该项指标的得分。

[4]企业拥有知识产权指:企业通过自主研发、受让、受赠、并购等方式,或通过五年以上的独占许可方式,对其主要产品(服务)所拥有的专利权、版权和著作权等。

[5]企业负责撰写的行业标准列入"自主知识产权"项目。企业作为主要参与撰写人、并有署。

创新二十年

——浙江省企业技术中心建设之路

INDUSTRIAL INNOVATION

第五篇　企业实践

　　这里，是创新的主战场。每一场战役的打响，都意味着在市场的竞争中，我们或将占领更多的"一席之地"。

　　浙江在企业技术中心的建设中，可以夸张地使用"百家争鸣，百花齐放"去评点一二。换句话说，我们并非在以"复制"、"黏贴"的模式去扩大企业技术中心的数量，而是以呈现企业自身发展特点为基础，建立系统性的创新技术发展体系。

　　由此，中控的"孵化"模式、万向集团"三位一体"、杭汽轮"引进、消化、吸收、再创新"……正在一一展开。

> **企业简介：**
>
> 　　中控科技集团有限公司创建于 1993 年,是中国领先的自动化与信息化技术、产品与解决方案供应商,业务涉及流程工业自动化、智慧城市、工程设计咨询、数字医疗、科教仪器、机器人、新能源与节能等领域。中控集团从无到有,不断壮大,走出了一条"产、学、研相结合"的成功合作模式,拥有客户 8000 余家,服务全球近万家客户。中控集团自主知识产权的产品已覆盖全国各省市自治区,陆续在印尼、越南、印度、巴基斯坦等地设立海外合资企业与办事处。
>
> 　　中控集团凭借核心技术优势,出色完成多项国家"863"和科技攻关重大研究课题,获得 29 项国家及省部级奖励。同时,集团自主创新的"EPA 技术"是工业自动化行业首个由中国人主持制定并掌握自主知识产权的国际标准。

新领域的孵化地

——中控科技集团有限公司在变革中引领

　　依照自身定制的创新策略,中控以"战略研究中心,技术创新引擎,资源平台,人才培养基地"为定位,以高端新兴战略型产业为内容,以高校、省级实验室等为平台,将企业技术中心打造成为中控集团战略变革的促进者、共性技术的提供者、先导技术的引领者、新市场的开拓者和新业务领域的孵化器。

范围"新兴而战略"

中控紧跟国家产业政策导向,结合自动化和信息化优势,大力推动智慧城市、高端装备、太阳能热发电等战略性新兴产业的发展,为中控第三个十年的跨越式发展打下坚实的基础。

在智慧城市领域,中控积极参与国家、省、市智慧城市建设的谋篇布局工作,为即将到来的智慧城市建设高潮做好充分准备。作为发起单位参加国家智慧城市产业技术创新战略联盟,承担浙江省能源监测中心建设任务和杭州市智慧城市建设方案的编制工作;有序推进智慧城市应用平台产品研发和应用,形成涵盖七大方向的产品体系。通过研发无线自组网技术,完善供热节能产品线,健全北方供暖节能整体解决方案和能源信息化方案,为市场开拓打下扎实基础。

高端装备方面,在持续完善已有技术及产品的同时,中控通过技术纵深部署,积极开展储备性研发,积累自动化前沿技术。开展安全控制系统(SIS)关键技术攻关,以及高性能控制器技术、手持移动监控平台、环形工业以太网技术、无线监控管理技术等专项技术攻关;并在工业信息安全、无线 HART 技术等方面取得阶段性成果。

近几年,中控企业技术中心致力于攻关机器人核心技术。通过多年的研发和技术积累,中控已形成了自身的核心技术优势,建立移动机器人平台、机器视觉平台、精确导航平台三大核心技术平台,配以硬件模块化和软件模块化等支撑技术,形成机器人相关的核心技术平台。

2013 年,公司的移动机器人产品包括巡检机器人产品线和 AGV 产品线都取得了重大突破。巡检机器人成功中标了国网集采项目,成为国网巡检机器人第二大供应商;继潜入式 AGV 产品之后,与杭叉集团合作研发叉车式 AGV,并成功中标橡胶行业重载 AGV 项目。机器换人业务在小部件产品的自动化装配和轴承锻造上下料机器人领域初步形成竞争力,其中"点烟器自动化生产流水线"在人人集团成功投运。

在确保"安全生产零事故"、"工程质量合格率100%"的前提下,中控顺利实施德令哈50MW项目(一期)工程,并于2013年7月5日实现并网发电,填补了我国商业化运营太阳能热发电站的空白,为我国建设并发展塔式太阳能热发电站提供了强有力的技术支撑与示范引领。

截至2013年12月5日,电站已安全、稳定运营5个月,各项技术指标参数均达到设计要求,依5个月的测试和运营发电数据进行推算,项目(一期)10MW(扩容后)年发电量可达1600万～1800万kWh。通过电站运营经验积累,逐步优化系统运营工艺,开发了不同工况下的电站运营方式,降低了厂用电和辅助能源消耗量,提高了系统发电效率,提升了电站运营经济性;同时,根据太阳能电站运营管理的特殊性,制定了塔式水工质太阳能热发电站运营规程和安全管理制度,培养了塔式热发电专业技术团队,为完善太阳能热发电整体解决方案奠定了基础。

团队"紧密型层次管理"

在创新机制建设上,中控采用了紧密型创新团队管理模式,以技术带头人为核心,通过实施"给任务、搭平台、建团队"的管理政策,发挥团队合力,将其个人能力有效地转换为公司能力。通过4年的努力,公司成功引进培养了19名高层次人才,其任职资格等级均在3A以上。

2010年,中控获得了浙江省自动控制系统创新团队建设项目。该团队共有65人,其中核心骨干10名(全部为高级职称),博士硕士共25人,涉及工业自动化、系统工程、仪器仪表、计算机、电子、通讯、软件工程、结构设计等专业,形成了技术带头人、技术骨干、科研人员和管理干部等多层次、多学科紧密结合的研发人才结构。创新团队建立了设备先进的测试中心和创新管理 ERP 平台、知识管理平台,配备了可靠性实验室、EMC 抗干扰测试平台、现场总线测试平台等设备和实验室,为研发工作的顺利开展提供了有力的研发和测试设备保障。

中控把人力资源管理和人才开发纳入到公司的整体战略之中,逐步形成清晰的人才层次、结构、数量、质量等人才队伍建设目标。通过高层次人才引进及培养、中层储备干部培养、校园招聘、新员工培训、职称评聘、任职资格管理等工作的开展落实到公司、部门年度工作计划,并纳入各级考核。

为了长期留住优秀人才,中控建立了基于市场价格和岗位价值的全面报酬体系,并实施三轮驱动的人才创新机制,结合三层次人才的不同特点给予不同的创新激励,激发他们的创新热情并保持核心团队的长期稳定。

研发"自主合作双管齐下"

为保证中控的领先创新能力,中控始终提取约占销售收入 8％的经费作为研发经费持续支撑技术创新。针对中控技术及产品的复杂性特点,中控采取了复杂产品的模块化研发管理体系。以中控高端的大型控制系统 ECS-700 的研制为例,对核心技术集团进行自主开发,而非核心技术则采取模块化分包的形式,提高了效率;同时充分吸收中石油、中石化等领先用户的意见,使产品更符合市场需求。通过矩阵式研发管理,使复杂产品的研制时间缩短了 2 年,并为后续产品开发构建了技术管理平台。另外,中控构建了基于 IT 工具的知识管理系统,促进了知识共享,提高了创新效率。

自主创新之外,本着优势互补、共同发展的原则,中控积极寻求与著名科研院所合作关系,充分发挥著名科研院所在多学科的优势和中控集团在工业自动化领域研发、生产、销售的产业化能力。

通过与浙江大学长期以来的紧密合作，中控利用浙江大学的人才优势和企业的研发平台进行合作，累计合作项目达 17 项，其中 13 项合作成果通过省部级鉴定，多项成果实现产品化和产业化，进入大规模生产推广。其中，建立的产学研合作中心主要有中控宁波研究院、浙大—中控研究开发中心以及 SUPCON-UET 大学自动化技术中心等。

中控集团与浙江大学国家工业自动化工程研究中心在宁波共建的中控研究院已初步建成，并已从产品研发、技术支持与服务、人才培养和软课题等四方面开展研究。目前，着重围绕宁波的临港工业如石化、钢铁、汽车、造纸、电力及相关服务业如现代物流等包括工业自动化技术在内的信息技术支持与服务已经开始实施，内容涉及制造业和过程工业的节能降耗技术，大型石化和钢铁企业的信息化建设和改造，物流装备与物流自动化等项目。

中控与浙江大学成立了浙江大学—中控自动化技术研究中心。通过中心的建设，中控为浙江大学的相关学科提供资金，支持研究中心对自动化的前沿技术展开基础技术研究；研究完成的基础技术成果，通过中控的企业研发平台进行技术成果转化和产品化过程，快速实现成果的转化。通过这种方式，为学科培养了人才，也带动了浙江大学学科的发展和学生的培养，成功探索出了一条产学研紧密合作，实现自主创新快速发展的道路。

平台"高端而持续"

中控目前拥有 1 个博士后科研工作站、1 个国家工程实验室、1 个省级实验室、1 个院士工作站，这些试验基础条件有力地保障了持续的高水平技术创新。

中控企业博士后科研工作站于 2003 年由国家人事部批准设立,已累计招收博士后 7 人。2006 年,中控集团企业博士后科研工作站获"杭州市优秀博士后科研工作站"荣誉称号。博士后在站期间获得省博士后科研项目一类、二类资助各一人次。

2009 年 12 月,中控建成了浙江省流程工业自动化与系统重点实验室。在目前已具备 EMC 实验室、大型石化、电力行业的试验测试平台,先进控制及优化软件仿真试验室等装置的基础上增加了专业设备,引进专业咨询机构 ISO/IEC17025(检测和校准认可实验室准则)等标准建立实验室质量管理体系。

2010 年 3 月,中控建成了流程工业智能系统浙江省工程实验室,主要开展 5 个方面的研究:一是工业通信网络技术与标准,研究和开发现场总线、工业以太网等现代工业通信网络技术,完善 EPA 系列国际标准,加强 EPA 相关成果认证与推广;二是智能仪器仪表技术,研究和开发智能传感器、执行器和仪表技术;三是大规模、高可靠性控制系统技术,研究大规模控制系统的可靠性寿命试验与分析、失效分析、环境适应性等技术,开发高可靠性控制系统;四是大型生产装置智能控制技术,针对大型石化、煤化工、电力、冶金等生产过程,研究和开发先进智能控制技术,形成成套控制设备;五是节能减排与安全生产技术及工程应用,研究和开发高能耗、高污染行业的节能减排软件技术,形成先进的行业解决方案。

中控集团于 2011 年获批国家发改委流程工业智能系统国家地方联合工程实验室,主要开展 5 个方面的研究:一是工业通信网络技术与标准,研究和开发现场总线、工业以太网等现代工业通信网络技术,完善 EPA 系列国际标准,加强 EPA 相关成果认证与推广;二是智能仪器仪表技术,研究和开发智能传感器、执行器和仪表技术;三是大规模、高可靠性控制系统技术,研究大规模控制系统的可靠性寿命试验与分析、失效分析、环境适应性等技术,开发高可靠性控制系统;四是大型生产装置智能控制技术,针对大型石化、煤化工、电力、冶金等生产过程,研究和开发先进智能控制技术,形成成套控制设备;五是节能减排与安全生产技术及工程应用,研究和开发高能耗、高污染行业的节能减排软件技术,形成先进的行业解决方案。

2012年,中控集团获批省院士专家工作站。在引进孙优贤、蔡鹤皋两位院士的基础上,进一步引进院士及一批中青年研发人才,做好集团的战略决策咨询、产学研合作、联合承担国家项目、指导项目开发、承办学术交流会、"科技周"科普培训等工作,并开展国际合作交流工作。

企业简介:

万向集团创建于1969年,从鲁冠球以4000元钱,在钱塘江畔创办农机修配厂开始,至今有员工3万余人,2012年实现营收1165亿元,创利76亿元,出口创汇26亿美元。截至目前,共累计申请专利1425项(其中发明专利200项),累计授权专利1231项(其中发明55项,美国专利1项),软件著作权24项。

公司主业为汽车零部件开发制造,列入国务院120家试点企业集团和国家520户重点企业行列。国内:已形成6平方公里制造基地,与一汽、二汽、上汽、广汽等建立了稳定的合作关系,主导产品市场占有60%以上。国外:在美国、英国、德国等10个国家拥有22家公司、40多家工厂,海外员工超过万人,是通用、大众、福特、克莱斯勒等国际主流汽车厂配套合作伙伴,主导产品市场占有12%。是目前世界上万向节专利最多、规模最大的专业制造企业,在美国制造的汽车中,每3辆就有一辆使用万向制造的零部件。

走"三位一体"创新之路

——万向集团公司迈向国际化发展新高度

依托全球化创新网络,万向集团公司于1998年开始建设面向汽车底盘系统集成的"三位一体"创新体系。目的在于开发具有自主知识产权的汽车底盘系统集成的关键共性技术,主导汽车零部件国际产业分工,引领中国汽车产业自主创新。目前,万向累计营业收入已超过1000亿元,公司主业汽车零部件平均增长超过30%。在海外收购方面,万向在成功收购美国 A123 系统公司后,又顺利完成了对美国 BPI 公司的整体收购,并在新能源产业建设上取得了重大进步。

通过对"三位一体"创新体系的建设,万向已经形成了内外资源互通、优势互补、利益互惠、风险互助的开放格局。在世界经济的翻天覆地中,在中国经济的继往开来中,万向的发展跃上了一个承前启后的新台阶,确立了一个国际化发展的新高度。

"三位一体"创新体系的成长之路

万向从 20 世纪 70 年代开始,连续开创了民营企业国际化、中国汽车零部件出口美国、中国汽车零部件进入美国主机配套市场三个先河,与此对应,企业自主创新也实施了"三接轨战略",即"接轨跨国公司",利用跨国公司的科技资源;"接轨国际先进技术",建立多点、多层面的技术支持体系;"接轨国际主流市场",保持与国际先进技术同步开发。目前,公司已形成覆盖 50 多个国家和地区的万向全球创新网络。依托全球化创新网络,万向于 1998 年开始建设面向汽车底盘系统集成的万向集团"三位一体"创新体系。该体系的目标是:开发具有自主知识产权的汽车底盘系统集成的关键共性技术,主导汽车零部件国际产业分工,引领中国汽车产业自主创新。

2002 年,万向成立了万向研究院,注册资金 2 亿元人民币。尽管万向研究院与万向技术中心为两块牌子一套人马,但运行的思路继续沿用原万向技术中心的机制,而研究院的工作则努力朝着四个方面去发展:一是使研究院成为万向发展的技术先导;二是开展前沿性项目及全新领域项目的开发储备;三是使研究院成为集团知识产权的核心;四是探索在内部将技术作为商品进行交易的模式。

以万向研究院为核心,使得万向能实现创新资源的合理配置和管理体系的有序运转。2000年初,万向组建了万向北美技术中心,随后又在万向英国公司、万向欧洲公司等18家海外公司设立了二级研发机构,为了建立适应全球分布式创新的需要,万向研究院重点抓了三个主要任务:一是加强企业的基础技术研究能力和成果转化能力培育,以形成企业自主核心技术;二是加强发展战略研究、投资战略研究,促进技术创新与企业战略发展、投资战略的有效结合;三是研究制定集中式创新与分布式创新相兼顾、以项目管理和质量监控为抓手的创新管理体系。目前,万向研究院与海外研发中心间已形成了"战略协同、分工协作、资源共享、项目运作"的网络化管理方式。公司技术人员实行国内外轮岗工作制,确保技术开发与国际同步,并通过引入项目管理制,以项目整合国内外高校、科研机构、独立设计公司以及国内外专家的设计开发能力,将外部有效资源为企业服务。

2012年,万向研究院进一步对已建立好的5个专业工程中心和各专业工厂内的专业研究所进行了优化。同时,万向研究院还严格执行自身"两个代表"的职能,即对内代表客户,按照客户的要求严格指导和组织企业进行产品开发及质量提升;对外代表企业,向外推介企业,与客户进行技术交流与合作。万向研究院、主体工程中心、专业研究所的三级技术创新层次,分别满足了决策中心、利润中心、成本中心三个层次对技术创新的要求。经过多年的发展,现已形成了独特的"三位一体"创新体系。

"三位一体"创新体系的三大看点

从全球层面整合创新资源,打造民营企业全球创新网络平台。以世界级大公司自主创新战略为导向,以"整合资源—主导产业"为主线,实现两大突破。一是以并购和自创相结合实现外部创新资源内生化,整合全球科技资源。万向通过并购国外技术领先企业,实现内外技术资源整合,探索出一条利用国外资源、占领国外高端市场、实施全球化经营的战略轨道。除了以往收购的美国 UAI 公司、德尔福公司、洛克福特公司、AI 公司舍勒公司外,2012 年万向还成功收购了 A123 公司。通过不断吸收世界先进科技,并消化吸收再创新,公司还形成了自己的集成技术能力,实现企业从"加工制造"到基于全球资源整合的"经营制造"转型,从零部件配套向模块化配套再到底盘系统集成配套转型。二是重构产业创新平台,主导产业国际分工。万向建立起了面向全球的开放式创新体系,积极融入全球分工体系,构筑与国际贯通的多点多层面的技术创新平台,实现与国际先进技术、管理和思维方式以及国际市场的对接,逐步利用自己多年来在产业链中的特殊优势地位,构筑了主导全球零配件行业国际分工的能力。

从产业层面实现链合互动创新,打造产业共性技术创新平台。以驱动和支持我国汽车产业共性技术和配套技术创新为目标,以"夯实基础—优化载体—重点突破"为主线,完善产业创新体系。一是以产业核心技术开发与全球市场需求相结合为基础。强调万向与全球汽车制造客户企业的协同创新,开展面向汽车产业关键、共性技术和配套技术的开放式自主创新,积极实施与汽车制造企业协同的模块化工厂战略,与上下游企业联手打造我国汽车工业自主创新产业链。二是以优化我国汽车产业公共服务平台为载体。万向先后投资 1 亿多元建立了汽车零部件实验室,2000 年通过国家实验室认可委员会的评审,出具的检测报告获得 40 多个国家的互认资格。2003 年,万向国家级实验室已成为全国第 11 家 CQC 签约实验室。同时,万向还积极向外开放,先后与美国的 LINK、迪凡斯等公司互相开放实验室,向通用、奇瑞等主机开放,实现了资源的共享。三是以提升全球产业同步设计为重点突破。万向已与海汽、上汽通用五菱、江淮等实现底盘同步开发及系统集成供货,并正加大与包括奇瑞在内的汽车制造企业在汽车底盘系统集成技术的同步合作开发。万向的目标是通过自主集成技术创新,产品进入中高端汽车底盘及变速箱专业轴承供应商,与 TRW、通用、大众、福特等全球领袖企业实现同步设计。

从企业层面实现全面协同创新,打造"一核三全七机制"支撑平台。以培育公司核心竞争力为目标,形成"一核三全七机制"的全面协同创新管理体系,即以万向研究院为核心("一核");以全员创新、全要素创新、全时空创新("三全")为根本;以资源配置、人才激励、组织保证、产业孵化、文化激活、知识管理、产学研合作等七大机制("七机制")为支撑。

合作创新引领新发展

在产学研合作方面,万向一直都十分重视。2012 年,万向在产学研合作方面开展了大量的工作。公司积极同国内外大专院校、专业研究所及国际大公司进行全面合作,不断推进联合开发机构的各项工作深入开展,全年与联合开发机构合作完成了 100 多个项目,在产学研方面共投入 7000 万元。公司还与福特、德尔福、上海大众、海马、中科院等科研机构合作开发了 70 余个项目,并建立了良好的技术战略合作关系。全年来,万向短期工作的国内外专家累计 442 人月,其中外国专家 100 多人月,对热处理、锻造工艺、悬架系统、ABS 减震器设计、制动器设计进行了技术指导。

此外,万向还与浙江大学联合成立博士后科研工作站,现在站博士 6 名,至 2014 年底,累计进站博士后 28 名。同时,公司与国际一流的主机厂、独立设计公司及试验室在汽车底盘、电动汽车以及清洁能源等领域的全方面开展合作,提升了系统集成能力。通过多种形式的合作,万向已建立了一个较为全面外部的智力支持网。

在创新国际化方面,公司主要通过以万向北美技术中心为核心进行运作。一是利用万向北美技术中心来接轨国际先进的技术,形成同步开发能力。2000 年,万向组建的万向北美技术中心正式纳入万向技术创新体系之中,其职责就是实现与国际主机配套厂的同步开发、跟踪国际高新技术的发展趋势、竞争对手产品的对比分析、承担国际市场的技术支持服务。二是信息国际化。万向北美技术中心的另一重要功能就是实现国际信息的收集反馈及共享。据了解,万向还在万向英国公司、万向欧洲公司等 18 家海外分公司设立了信息分机构,形成完善的信息网络,实时地将国外技术、市场信息与国内共享。三是人员接轨。万向北美技术中心已成为培养复合型、国际化人才的基地,每年公司都会选派大量的工程师到北美技术中心工作,同时北美中心还招聘国外高级专业人才,并择优推荐到总部工作。通过以万向北美技术中心为核心的海外研发与创新机构的运行,实现了技术、信息、人才、市场与国际的对接,使得万向的技术得到了国际主机厂的认可,产品也进入国际一流汽车主机厂的生产线,而且众多的国际一流主机厂纷纷来到公司总部,谋求更深、更广的合作。应该说,技术创新的国际化,在相当的程度上推进了万向的国际化运作。

企业简介：

杭州汽轮动力集团是一家以装备制造为核心，集技、工、贸于一体的大型产业集团，拥有成员企业 15 家，产业涉及工业汽轮机制造、燃气轮机、压缩机、发电设备制造、电子真空管制造、进出口贸易、现代服务业等领域。

杭州汽轮动力集团有限公司的前身为杭州汽轮机厂，成立于 1958 年。1995 年 6 月，作为国务院百家建立现代企业制度试点，被首批改制为政府授权经营的国有独资企业；目前是杭州市六家国有资产授权经营大集团之一。截至 2014 年底，集团拥有总资产 256 亿元，主营业务收入 466 亿元，利润总额 14.3 亿元，在册员工总数 5221 人。

凭借每年生产 400 余台/500 余万千瓦工业汽轮机的当量，杭汽轮集团成为当今世界上最大的工业汽轮机制造商，国内市场占有率达到 80% 左右，国际市场占有率达到 30% 左右。

先取精华，后做龙头

——杭州汽轮动力集团有限公司的"引进、消化、吸收、再创新"之路

改革开放 30 多年来，杭州汽轮动力集团有限公司成功地走出了一条"引进、消化、吸收、再创新"的发展道路。历经风雨，杭汽轮清楚地意识到，只有坚定不移地继续走这条发展道路，并在自主创新上寻求更大的突破，才能实现企业质的飞跃。

2005 年至 2012 年是杭汽轮集团发展的重要战略机遇期,充分认识到技术创新在企业发展中的作用的杭汽轮,构建并完善了适应本集团发展规模的技术创新体系。此体系包括科学的创新决策体系、健全的创新运行机制、完善的创新组织体系、创新能力培育机制和规范的科技管理制度等。

杭汽轮正在积极储备,立志成为世界工业驱动汽轮机领域的领跑者。

三阶段开启自主创新

1974 年 6 月,国家批准了引进国外透平机械先进制造技术的"四三"方案,杭州汽轮机厂被确定为国家"四五计划"(1975—1980 年)重点工程,与西门子公司在北京签订了"工业汽轮机许可权及技术转让合同"。从此,杭汽轮拉开了引进技术的序幕。

这一阶段,杭汽轮主要任务就是学习、掌握西门子引进技术,通过派遣工程技术人员和技术工人赴德国实习,通过对国外图纸的工厂化,通过大量的技术攻关,尽快将引进技术学到手。

而在 1986 年至 2002 年的消化吸收阶段,杭汽轮先后两次与德国西门子公司签订为期十年的技术合作协议,与世界工业汽轮机制造领域的其他顶尖企业公司展开了合作生产,并先后聘请了德国西门子公司顶尖人员担任技术顾问。2000 年,年产 50 万吨乙烯装置驱动裂解气、丙烯和乙烯压缩机汽轮机的研制成功,标志着杭汽轮正式跻身于被极少数跨国集团长期垄断的工业汽轮机高端市场。

杭汽轮的自主创新是从 2003 年全面展开的,这一年杭汽轮提交的"百万等级乙烯装置驱动用工业汽轮机发研"项目,得到了国家发改委的立项批准。这标志着一场彻底甩掉"洋拐棍",完全自主创新的战役在杭汽轮打响。杭汽轮实际上开展的是"三个百万等级产品"的研发,即"年产

100 万吨乙烯装置驱动汽轮机"、"100 万千瓦锅炉给水泵驱动汽轮机"和"年产 100 万吨 PTA 装置驱动用汽轮机"。上述产品的设计范围无一例外地都大大超出当年引进技术的框架,完全由杭汽轮工程技术人员通过自主创新进行研制。

经过艰苦卓越的努力,杭汽轮如愿以偿地拿下了"三个百万等级产品"。2007 年完成了向国电泰州电厂提供的首套 100 万千瓦锅炉给水泵驱动汽轮机研制任务;2008 年完成了向江苏海伦化学有限公司提供的首套年产 75 万吨 PTA 装置驱动用汽轮机研制任务;同年,杭汽轮先后完成了分别向天津石化和浙江石化提供的两套年产 100 万吨乙烯装置驱动汽轮机研制任务;2010 年又成功研制出首套 100 万千瓦压水堆核电站汽动辅助给水泵汽轮机。这些产品的相继问世,标志着杭汽轮工业汽轮的研发能力和制造水平,已经与国际顶尖工业驱动汽轮机制造商,如西门子、GE、三菱重工等处于同一个平台。

科学决策:全面信息化应用

沿着"引进、消化、吸收、再创新"的创新思路,杭汽轮从创建科学的创新决策体系入手,拓展自主创新的道路。市场分析是公司决策体系的重要组成部分,也是公司科技创新体系的重要内容。如今,杭汽轮对于市场分析的手段已达到全面信息化应用水平。

首先,在机制上,公司在集团总部设战略规划室、综合管理部、技术中心设计算机应用研究所和专职市场分析人员,负责对市场风向的监测和信息化管理;其次,在各分子公司,特别是核心企业,设职能处室,分解市场分析功能,设专职信息员,负责市场分析及信息的及时传输;再次,在各分子公司间、集团总部与各分子公司间,应用信息平台和网络进行市场跟踪和科技信息分析。

目前公司的信息化应用环境好、水平高，市场分析能力强，特别是2008 年以来公司运用市场分析功能，及时把握了大型 PTA 装置、大型空分装置市场机遇，赢得了百万吨级大型乙烯装置驱动用汽轮机等项目的研制任务及与芬兰皇家能源技术研究院的 VTT 公司以及 Sovina 公司在生物能源利用方面合作的机会，为公司的跨越性发展作出了贡献。

运行机制：投入、人才都要硬

创新运行机制对于自主创新能力的提升有着极其重要的意义。在这方面，杭汽轮集团作了很多努力。为立足世界科技之林，集团不惜重金聘请高科技人才，重奖科技人员，加大科技投入，完善项目管理制度。

首先，杭汽轮全力创建科技创新投入机制，公司规定下属制造企业的技术创新投入应当保持在年销售收入的 3％以上，集团技术中心要切实做好企业技术创新投入的数据采集工作，分子企业每年技术创新的投入，应当成为制造企业经营者年度考核的重要依据；其次，上级政府部门鼓励企业技术创新的拨款、贴息、风险投资和其他资助资金，不得挪作他用，一律进入技术创新专用账户；其三，保障技术中心科技投入经费。由于公司完善了科技创新投入机制，近两年公司科技开发经费逐年增长，科技活动进展顺利。2014 年公司科技活动经费投入 32026 万元，占当年产品销售收入的比率为 6.1％，当年新产品销售收入 271132 万元，占当年产品销售收入的比率为 52％。

人才是创新的血液，因此，公司着力在人才激励上通过项目评审制、项目合同制、绩效工资制、重大开发项目奖励与产品销售额挂钩制度等来完善人才激励机制，提高科技人员待遇，形成了较好的技术创新氛围。

第一，建立科技人才档案库，实行绩效工资制和专项津贴制度。近年公司通过各种方式在社会上高薪招聘人才，召入博士、硕士应届毕业生，引进大院名校高级人才,培养各学科专业带头人,知识结构趋于合理,特别是院士专家人才的引进,为企业科技创新确立了学科带头人。推出了绩效工资制,并对企业紧缺的高级专业人才建立了引进人才专项津贴,创新积极性显著提高。

第二,提高科技人员待遇,吸引科技人才。2012年技术中心人员年均收入17.83万元,是企业人均收入的1.66倍,遥遥领先于国内同行业企业,技术中心科技人员最高年收入达70多万元。

第三,重奖科技人才,鼓励技术创新。杭汽轮集团在第七届科技大会上花费300万元重奖科技创新项目和突出贡献科技人才,对授权专利和标准制定进行奖励。其中科技创新项目奖最高额达50万元,起到了很好的榜样作用。

第四,内评内聘制度。专业技术人才岗位职务竞聘不受学历约束,鼓励在创新中实现自我价值。

外脑输入:与高校强强联手

自主创新开启后的杭汽轮需要持续创新的动力,产学研合作就是其中重要的一项。在这方面,集团加大了产学研合作力度,通过引进大院名校共建创新载体;通过成立院士专家工作站引进院士专家,培育创新团队;通过与大院名校签订长期合作协议、成立产学研合作开发机构,开展广泛的产学研合作项目研究。

公司与华中理工大学、浙江大学合作开发"CAD/CAPP/PDM应用系统";与浙江大学、西安交通大学合作开发超临界1000MW电站锅炉给水泵汽轮机;与浙江工业大学合作开发激光强化、激光喷涂、绿色制造技术;与上海成套研究所、中船重工704所、711所(军工)合作开发国防项目,与中国机械科学院浙江分院合建"中机院—杭汽轮集团联合研究院",

开展新材料新技术新工艺研究;与清华大学合作研制"1.5级跨音速压气机"等,上述产学研合作,聚合了国内一流的技术和人才资源,降低了研发成本,使公司尝到了产学研合作出效益的甜头,在许多关键技术领域取得了突破性的进展。

然而要说到近年来集团技术中心最具特色的工作,还是成立了院士专家工作站。该工作站是杭州市首家,也是浙江省首批被认定的企业院士专家工作站。集团与东北大学合作,引进闻邦椿院士创新团队,开展百万千瓦电站汽动引风机组齿轮轴系振动设计研究;与浙江大学合作,引进谭建荣院士创新团队,开展数字模拟技术研究,聘请浙江大学岑可法院士为顾问,把脉节能减排技术项目;与清华大学合作,聘请顾春伟教授为钱江特聘专家,进院士专家工作站开展跨音速单级大压比轴流压缩机的研制。这些项目能解决企业发展中的瓶颈问题,为企业进入国际科技之林、占领科技高峰奠定了创新实力,也将为企业带来很好的经济效益和形成新的利润增长点。

此外,公司还出台了知识产权保护及管理制度,鼓励员工技术革新、发明创造。近年来公司的专利申请数及授权专利数明显增加,特别是发明专利数量显著增加。12年公司新申请的专利有19项,其中发明专利2项,12年授权专利19项,其中发明专利3项,专利申请数和专利授权数比以往任何一年都多。

后续保障:项目管理层次化

全方位地保障自主创新的进行,杭汽轮建立了科技项目管理制度及风险规避机制。集团的《关于构建杭汽轮集团科技创新体系的若干意见》《杭汽轮集团重大科技创新项目推进管理办法(试行)》明确规定:集团所有科技项目立项必须有项目可行性分析及专家委员会技术评审,集团技术中心、下属各分子公司科技管理部门有组织项目评审及项目实施管理的职能。对于项目,集团实行项目立项、组织实施分层次管理,对重大项目的立项必须经技术中心专家委员会论证,对风险投入需经集团董事会讨论,这一机制有效规避了开发风险。

同时,杭汽轮鼓励分子公司申报省级、市级技术中心及高新技术企业,形成完善的集团技术中心创新能力培育机制,目前集团下属企业中拥有省级技术中心 2 家、市级技术中心 4 家、高新技术企业 6 家。此外,杭汽轮完善集团技术中心组织体系和管理制度,建立集团技术中心工作网络及技术中心负责人例会制度;推出了一系列科技创新配套措施,全面部署了建设创新型集团的任务,并于 2014 年 1 月召开了集团第八次科技大会,对在 2011—2013 年对集团科技工作有重大贡献的科技人员和科技项目实施了奖励,最高单项奖金 50 万元。

企业简介：

菲达集团有限公司（简称菲达集团）拥有职工总数 1877 人，资产总额 27 亿元，占地 2500 余亩，是全国环保机械行业唯一一家国家重大技术装备国产化基地。主营业务包括大气污染治理设备、城镇生活污水处理技术环保涂料水性木器漆等绿色产品的研发、设计、制造、销售服务，主导产品包括电除尘器、布袋除尘器、电袋复合除尘器等。

2012 年，公司以全球性的视野，大力创新环保前沿技术，开发出 PM2.5 预荷电微颗粒收集装置、低温除尘及余热回收利用集成装置、旋转电极式电除尘器等多项能代表国际同类产品最高水平的重大技术装备，进一步优化了主营业务产品结构，增强了核心竞争力。

精耕环保装备的创新"异军"

——菲达集团有限公司从创新战略入手

环保装备是环境保护重要物质基础，环保装备制造业在实体经济中具有突出地位，菲达集团有限公司致力于做精、做深、做专环保主业。

2014 年，菲达集团有限公司根据环保市场发展需要，进一步调整战略部署，提出转型升级的四大战略目标：环保装备技术水平升级、大成套服务能力升级、制造基地与国际接轨能力升级和环境服务能力升级。同时，企业技术中心以全球性的视野，瞄准前沿技术，加大创新力度，通过创新技术设施的夯实、人才资源的集聚、产学研合作的深化，实现了环保装备的技术升级和大成套能力升级，提升企业核心竞争力。

规划：巩固地位　产业延伸

菲达集团的"十二五"技术发展目标为"强项做强、异军突起"。巩固大气污染治理和污水处理领域的龙头地位，开发具有自主产权的重大环保技术装备，形成与国际高端市场接轨的快速响应机制，成为国际一流的成套产品供应商和技术支持商，形成国际性的烟气污染治理和污水处理综合研究基地；进一步深化环保管道和水性木器漆产品技术，实现技术升级和应用领域拓展，满足出口需求。同时借助产学研合作平台，优化产业结构，拓展和发展战略性新兴产业，培育新的经济增长点，实现环保产业链向上游延伸。

同时，进一步加大创新投入，加强企业技术中心创新能力建设，全方位提升技术中心资源配置。到 2015 年，实现企业销售收入 60 亿元、利税 6 亿元、出口额 30 亿元。

为了达到目标，菲达集团专注做好六项工作。

第一，夯实创新基础设施建设，创国际一流的环保装备研发基地。2012 年 3 月，国家认定企业技术中心创新能力建设项目通过验收，验收结果认为此试验室已成为"全球除尘治理行业中装备规模最大、设施最先进的实验研究基地之一"。公司新建烟气处理量为 20000m³/h 的湿式电除尘模拟中试实验装置、新建高温比电阻测试仪，可进行湿式电除尘、高高温电除尘等各项关键技术研究。技术中心下属计量理化测试中心于 2012 年 5 月完成国家实验室认证（CNAS 认证），获得第三方检测资质，可对环保领域的产品技术和金属材料的力学性能、元素分析、疲劳寿命等提供检测服务。

第二，技术引进—产学研合作—自主创新三位一体，引领行业发展潮流。2013 年 1 月，公司与日本三菱重工签订湿式电除尘器技术引进协议,并联合着手多家大型电站投标工作,率先占领了项目市场先机。在此基础上,通过项目联合攻关、载体共建、人才培养等方式,深化与浙江大学、上海电力、北京劳保所等高校、研究所和用户单位合作。

第三,入驻青山湖科技城科研机构创新基地,在战略层面建立好技术创新组织布局。将菲达集团国家级企业技术中心下属部分科研机构和实验室搬迁至青山湖科技城,并根据发展需要,购置一批高、精、尖的试验仪器设备。

第四,引智借力,打造卓越团队。2012年公司聘请外部高级专家3人,并与中国工程院院士、浙江大学岑可法教授团队共建省级院士专家工作站。集团已引进浙江大学3名教授、4名博士进站工作,联合开展"十二五"国家863计划项目在内的合作项目5项。

第五,导入精益管理模式,完善技术创新体系。导入精益管理,对公司范围内的各项规章进行全面修正和补充,提高管理能效和效益,推动企业健康持续发展。在技术创新层面,新制定出台《新产品新技术开发管理规定》、《诸暨菲达环保装备研究院技术执行管理制度》、《诸暨菲达环保装备研究院图文资料输出管理办法》等一系列具有较强操作性的管理制度。

第六,坚持内部立项,重奖贡献大者。企业每年都在全厂范围内公开征集科技含量高、工艺革新明显的内部立项课题,通过项目合同制、贡献大者重奖的方式激励科技人员充分施展才华,营造积极向上、公平公正的创新氛围。此外,公司对专利申请人、标准制修订人以及在国内外期刊上发表论文的科技人员均给予资金奖励。

实施:狠抓技术　培育人才

菲达集团企业技术中心(以下简称技术中心)下属拥有1家国家级博士后科研工作站、1家省级院士专家工作站、1家省级企业研究院、1家产业投资发展研究院、1 家省级行业创新服务平台和 11 个专业研究所,并在美国和印度成立技术开发中心。技术中心充分利用社会丰富的科技资源和人力资源优势,实现了从纯技术开发向集成产管理、市场营销、人才培养和对外开放协作的复合型研发机构转变,从过去单一解决工程现场问题,转向解决市场需求和潜力需求为主,具备解决行业关键共性难题、承担重大课题攻关、保障国内外重点工程顺利实施的能力。

在人才培养上,菲达集团采取了五项主要措施。公司首先聘请外部高级专家 3 人,为公司的科技创新和成果转化发挥专家作用;第二,引进中国工程院岑可法院士团队的 3 名浙江大学教授和 4 名博士进站工作,通过项目研讨、技术交流等多种具有良性互动的联合攻关,培育企业内部技术骨干;第三,公司专门成立用于职工培训的菲达学院,每年提取工资总额的 3.0% 作为教育经费,保障教育经费的及时到位和充分投入;第四,公司每年都派送技术骨干出国深造,并与浙江大学联合启动工程硕士培养工作;第五,新进员工按专业和文化程度定岗,参与项目研究、工程设计,发挥"传、带、帮"功效,加快新人培养。

中心现有全职研发人员 596 名,其中试验与发展人员 335 名,包括博士 9 名、国务院特贴专家 3 名、浙江省突出贡献中青年专家 1 名、浙江省151 人才 9 名、教授级高级工程师 8 名、高级工程师 53 名。科技人员专业门类齐全、结构合理、互补性强,以此为核心组建的创新团队被省人事厅认定为浙江省首批重点企业技术创新团队称号。

公司建有完善的人才激励机制,通过技术骨干参股、经济责任制、项目合同制等方式为科技人员提供强大的物质平台和事业平台,体现了政策倾斜和贡献大者重奖。同时,公司注重知识产权保护,拥有健全的专利管理和实施体系和专业的数据库。2012 年,企业共申报专利 24 项,其中发明专利 3 项;获授权专利 49 项,包括发明专利 11 项。

　　此外,菲达集团实施产学研战略,2014 年公司开展产学研合作项目 9 项,占项目总数的 23.08%;专注创新基础设施建设,目前技术中心拥有试验仪器 1362 台套,计算机设备 637 台套,设备原值 9417 万元;拥有专业的信息化管理机构,配有信息化工作人员 18 人,其中硬件及网络维护人员 4 人,数据库管理人员 5 人。

成绩:市场为先　硕果累累

　　公司坚持市场为导向的创新发展战略,为环保市场带来利好,PM2.5 治理、烟气脱硝治理、污水污泥处理市场全面启动,大量的老机组和污水治理厂面临提效改造。

　　2012 年 8 月,由菲达承担的"十一五"863 计划项目《大型燃煤电站锅炉电袋复合除尘技术与装备》已顺利通过科技部验收,产品实现了电除尘和布袋除尘器的有机组合。

　　2012 年 5 月,由菲达自主研发的 PM2.5 预荷电装置在上海吴泾电厂 300MW 机组上得到应用。测试结果显示,PM2.5 减排幅度达到 30% 以上,粉尘总量减排幅度达 20% 以上。产品被浙江省经信委列为省内首台套产品,11 月中旬上海电力集团与公司签订了这一填补国内空白技术的战略合作应用协议,率先在上海地区推广应用该技术。PM2.5 预荷电微颗粒收集装置电凝聚器可将烟气中的微细颗粒凝聚成容易去除的大颗粒,属于世界上最先进的 PM2.5 治理技术之一。

　　2012 年,由公司自主研发的低温除尘及热能回收利用集成装备在上海漕泾电厂 300MW 机组上应用,该技术采用烟气降温方式,利用烟气余热,提高电除尘器除尘效率,并实现深度节能。目前公司已与南通电厂签订合同,将率先实现该技术在国内 1000MW 机组上的应用。同年,技术中心进一步深化国内首台套产品旋转电极式电除尘器技术工艺,产品采用旋转清灰刷在非收尘区域进行清灰,解决了高比电阻粉尘的反电晕和微细粉尘的二次扬尘技术难题。

2012 年,菲达集团还完成燃煤电站 SCR 烟气脱硝技术研制,目前依托工程湖北汉新电厂 30 万千瓦机组工程处于制造阶段,下一步将通过技术完善,拓展应用到更大机组上。SNCR 烟气脱硝技术,现依托工程浙江云石水泥 2500t/d 水泥窑工程处于施工阶段,实现了烟气脱硝技术多元化应用。

基于和德国 FISIA、日本 JFE 等国际知名公司的多年合作,公司在垃圾焚烧尾气净化领域取得突破,目前正在建设合肥 2 套日处理 500 吨大型垃圾焚烧线系统总成套工程。此外,国内首个环境技术验证计划(ETV)试点项目"水蚯蚓原位消解污泥技术验证测试计划"通过环保部、中国环境科学学会技术验证。目前,该技术已应用到 13 家污水处理厂,日处理污水能力 32 万吨,环境效益显著,项目技术已得到国家层面的推广应用。

在关键核心技术和产品自主创新上,菲达集团的国家高技术研究发展 863 计划"大型燃煤电站锅炉烟气电袋复合除尘技术与装备"项目通过国家科技部验收;国家高技术研究发展 863 计划"城镇污水处理厂污泥过程减量关键技术开发与示范"项目被环保部组织验证成功,属国际性的重大突破性创新成果;国家高技术研究发展 863 计划"燃煤电站 PM2.5 捕集增效技术研发与优化集成示范"项目促进和引导我国 PM2.5 治理技术快速发展;浙江省重大科技专项"基于电凝聚及新型电源的 PM2.5 控制技术与设备应用研究"项目通过省科技厅验收,经第三方检测,电除尘器节能效率为 20.42%,出口烟尘浓度为 16.07mg/m^3(浓度下降 32.59%),PM2.5 浓度 $7.13\ \text{mg/m}^3$(浓度下降 34.1%)。社会效益显著,已获专利授权 8 项;浙江省重大科技专项"600MW 燃煤机组大型高效布袋除尘器

技术与装备"项目通过省科技厅验收,社会效益显著,已获专利授权 10
项;浙江省重大科技专项"城镇污水处理与水蚯蚓原位消解污泥技术研究
与工程示范"项目通过省科技厅验收,已获授权发明专利 2 项、实用新型
专利 2 项,在国内外期刊发表论文 6 篇;国家级博士后科研工作站研究课
题"电除尘用高频电源的理论研究与验证"项目已实现工程应用,节能效
果达 35％以上;企业自主立项的"低温电除尘及热能回收利用装置"项目
提高了汽轮机效率,从而实现提高除尘效率和节约能源的双重目的。

企业简介：

杭州迪安医学检验中心有限公司成立于 2004 年，占地约 6000 平方米，注册资本为 1.6 亿元，是一家生物诊断领域的现代化高新技术企业。目前，企业拥有员工 467 名，其中博士 1 人、硕士 19 人、本科 160 人、大专 213 人，大专以上学历人员占总数 84％；直接从事技术工作的科技人员有 241 人，约占员工总数 52％。

公司主要从事医疗诊断技术的开发与服务提供，致力于分子诊断领域的技术创新、临床应用及为各级医疗机构提供诊断技术的整体解决方案，开展各项学术课题的科研合作，为公检法系统提供司法鉴定等技术服务。现已获得发明专利 5 项、实用新型专利 1 项、软著 5 项，申请中专利 5 项，承担了"国家科技支撑计划"、"国家科技型中小企业创新基金"等各级科技计划项目 11 项，获得和申请了专利及软著等自主知识产权近 30 项。

检验外包"大腕"发展记

——杭州迪安医学检验中心有限公司的"三独经"

杭州迪安医学检验中心有限公司是最早一批将医学独立实验室商业模式引入中国的企业。借助多年的医疗市场服务经验，杭州迪安在学习和引进独立实验室的商业模式的同时，结合中国医疗市场的特色，抓住诊断产品销售和诊断服务外包两种新老业务模式所服务的客户和市场基本重合的特点，逐步探索整合，形成了具有迪安特色的"服务＋产品"一体化的商业模式。

目前,企业业务范围涉及浙江、北京、上海、福建、江苏、安徽、黑龙江、广东、山东等地,合作医院约 3000 多家,日平均标本超 1 万份,业务年复合增长率近 40%。近三年来,公司的经营业绩也保持着快速增长:2011年,实现销售收入 22255 万元,净利润 4794 万元;2010—2012 年,销售收入的年平均增长率为 37.7%,净利润的增长率达 146%⋯⋯凭借开阔的视野、创新的思维、持之以恒的奋斗,杭州迪安实现了快速的发展,成为了国内诊断外包服务行业的领军者。

独具慧眼:最早引入独立医学实验室

在国际上,独立医学实验室是一种成熟的商业模式,最早起源于上世纪五六十年代的美国。目前,独立实验室已经遍布发达国家和地区,全球已有十几家独立实验室成为上市企业。例如,美国的 Quest Laboratories 和 Laboratory Corporation of America(LabCorp)、日本的 BML 及加拿大的 MDS 等。在美国,独立实验室承担了全美 40% 的医学检验业务,而且这一比例每年还在增长,已拥有 52 家大型实验室和 2000 多个患者服务中心。应该说,美国的独立实验室行业依然是处于国际领先地位的。

相比之下,我国的独立实验室目前在整体上还是处于起步阶段,仅占了医学诊断服务市场 1%～2% 的份额。如今,随着新医改的深入推进,我国独立实验室开始显现出巨大的发展空间和潜力。

面对着这样的发展空间和潜力,很多企业开始蠢蠢欲动。而此时,杭州迪安早已快人一步,它的第三方检验外包服务模式已经较为成熟,又很好地迎合了国家对现代服务业、生物医药行业等经济转型发展的方向,并符合着新医改的导向,在国内发挥着越来越重要的作用。不禁要问:这难道是一种巧合吗?显然不是。

事实上,早在国内开始新医改之前,杭州迪安就靠着自身的这双慧眼,看到了独立医学实验室未来强劲的发展潜力。基于这种判断,公司迅速作出决策,早早地展开了行动。

如今已是第三方医检行业的龙头企业的杭州迪安,是最早一批将医学独立实验室商业模式引入中国的企业。借助多年的医疗市场服务经验,在学习和引进独立实验室的商业模式的同时,结合中国医疗市场的特色,公司抓住诊断产品销售和诊断服务外包两种新老业务模式所服务的客户和市场基本重合的特点,逐步探索整合,形成了自身特色的商业模式。同时,致力于生物诊断领域的技术创新、临床应用及为各级医疗机构提供诊断技术的整体解决方案,这使得杭州迪安在上市过程中得到了资本市场的广泛认可。此外,在医学检测服务外包方面,公司也形成了自身独特的市场定位模式,其提供的服务主要为"三高一新"项目,及对各医疗机构而言"高成本、高投入、高风险、新技术"的项目。

以项目齐全、技术领先及精益化品质管理,杭州迪安在业内塑造了较高的知名度与美誉度,也为自身赢得了更多发展的机会。2009 年,杭州迪安获得了软银中国和复星医药近 1 亿元的风险投资,并建立了行业战略联盟;同年,杭州迪安荣获 2009"中国检验医学优秀医学独立实验室"排名首位;2010 年,杭州迪安获得了中国 2010 上海世博会——国家认可医学独立实验室;2011 年,杭州迪安顺利在深交所创业板上市,成为医学诊断外包服务行业的第一股……时任杭州市市长蔡奇在杭州迪安考察后,当场作了题词:"迪安医学检验是很好的商业模式,是生物医药外包服务的典型"。

独具特色:形成"服务＋产品"商业模式

应该说,杭州迪安的成功首先体现在新产品的开发应用和新服务的应用上。而更大的成功是其形成的"服务＋产品"的一体化的商业模式,这成为杭州迪安有别于同行业企业的核心优势。

在新产品开发应用上,公司无论是对行业重大关键技术的突破和应用,还是对行业和区域的发展都产生了重大影响。举例而言,2013 年,杭州迪安技术中心"基于新一代测序技术的新型病原菌快速鉴定试剂盒研发及产业化"项目突破了以往传统培养技术的时间瓶颈,使微生物鉴定时间缩短为 3~5 小时,通过自主开发的微生物快速鉴定技术可以一次反应鉴定临床常见的所有菌种。这将对检验行业,特别是微生物界具有里程碑的意义。同时,临床医生不再受限于治疗经验的束缚,将从根本上减少抗生素滥用,节约医疗资源,利国利民。如果微生物快速鉴定项目推广应用,单抗生素使用一项每年可为国家节约医疗资源约 200 亿元,还可缩短病人住院周期,减少抗生素滥用带来的并发症、细菌耐药等一系列问题。

而杭州迪安新服务的应用,对资源综合利用、节能减排降耗等,也产生了重大的生态效益。公司技术中心承担的"基于 DA—医学独立实验室综合信息管理系统的医疗检测外包服务"科技计划项目,是资源综合利用的典型。其与多个临床医疗机构建立联系,收集病人的检验标本,完成检测分析后将检验结果传送至临床医疗机构,应用于临床。项目借助企业独立医学实验室,通过标准化、成本领先、管理创新的现代化连锁医疗服务,实现了检验资源的优化、检验成本的降低、检验质量的提高,以及促进检验技术的发展。该项目专业化、市场化运作的集中检验模式,不仅节约了社会资源,解决了大小医疗机构诊断水平相差过大的突出问题,也平衡了临床治疗与临床诊断供需紧张的矛盾。

当然,杭州迪安并不会满足于此,经过逐步探索整合,形成了具有自身特色的"服务+产品"一体化商业模式。杭州迪安对业务模式进行了改造,把以"体外诊断产品代理"为核心的传统商业模式,逐步转化为以"医学诊断服务外包"为核心的"服务+产品"一体化商业模式,从而为医疗卫生机构提供医学诊断服务整体解决方案。当医院基于降低经营成本、规避风险等因素而决定不开展一些诊断项目的时候,公司可以向这些医院提供专业的集中医学诊断服务;当这些医院的标本量和质控能力达到一定水平,医院决定自行开展这些诊断项目的时候,公司则可以直接向医院提供检验仪器、诊断试剂及后续的技术支持服务等,从而满足客户多层次、多方位的需求。

目前,伴随着我国医疗卫生体制改革以及医疗卫生机构经营理念和市场需求的变化,公司业务发展方向也不断作出调整。医学诊断服务外包业务和体外诊断产品代理业务之间互相关联,体外诊断产品代理业务不仅可以共享营销渠道资源,增强客户黏度,也可为医学诊断服务外包业务带来采购成本优势,具有明显的协同效应。

独具匠心:不断提升产业领域竞争力

为牢牢抓住医疗服务行业高速发展的机遇,丰富自身商业模式的内涵,保持产业领域内的领先地位,杭州迪安不断寻求机会,加快自身的发展。

通过各种先进诊断设备的引进与各种高端诊断技术的有效整合,公司搭建了全面、系统的诊断技术平台,最大程度地满足各级医疗卫生机构的诊断需求,为各类疾病的临床诊断提供精准、及时的诊断结果与诊疗依据。同时,以分子诊断技术为研究方向,建立了病原微生物快速鉴定、个性化用药、疾病易感基因等多个研发平台,重点开发基因序列已明确的外源感染性病原体快速诊断技术、个性化医疗及遗传性疾病等内源性基因诊断技术。

在实验室的建设上,企业严格按照卫生部颁布的《医学检验所基本标准(2009 年版)》,根据不同实验室的规模与定位进行各连锁实验室的建设,实施固定资产投资与环境设施的标准配置,执行统一的质量控制标准,有效降低采购成本。

同时,以持续技术创新为发展驱动力,致力于新技术的引进、开发和临床应用推广,杭州迪安与世界500强及全球体外诊断产品龙头企业罗氏诊断公司建立了长期密切的战略合作伙伴关系,成为其"大中华区示范实验室";积极采取联合国内外多学科先进技术资源共建合作平台以及建立数字远程会诊模式来强化技术优势,包括:与美国比尔·盖茨基金会共建"全国多中心宫颈癌防治与快速筛查技术合作研究项目"病理合作实验室;与美国NMS实验室设立"迪安—NMS国际司法鉴定科学技术研究中心";与清华长三角研究院、复旦大学、浙江大学等多家权威科研机构建立了科研合作平台,实现了国内外多学科先进技术的全面引进与应用。

依托现有的连锁化独立医学实验室平台,不断对标学习国际先进的业务模式进行模式创新。2008年,公司还在服务模式上进行了创新,成立了司法鉴定所。这是中国最早,也是目前唯一一家依托于医学独立实验室平台、拥有正式资质的司法鉴定机构,为各级司法机关、社会法人、公民个人提供所需的司法鉴定服务。经过短短4年的发展,业务规模已经位居全国前列,得到了司法部及公检法系统的肯定,形成了企业独特的业务增长模式。

据悉,下一步,杭州迪安将继续坚持以客户和市场需求为导向、以技术创新为驱动力、以模式创新与整合式营销为差异化竞争策略,通过有效的资源整合实施全国连锁网点的布局和三级实验室体系的建设,并加大新产品、新技术的引进与应用,通过多样化的组合营销模式与精益服务,实现与客户的长期紧密型合作。在外延式发展上,公司依托现有医学诊断技术平台的核心资源与管理优势,进一步进行新服务领域的延伸以及上下游产业链的有效整合。

　　此外,为确保战略目标的有效实施,公司还将注重职能战略的规划,包括质量管理、信息技术、供应链管理、人力资源以及财务管理等,并通过建立全面、高效、协同的管理体系,以形成符合卓越绩效的管理模式;通过持续加强人力资源体系建设与强化内功建设,提升运营管理能力与快速扩张能力,最终实现"成为卓越的诊断服务机构"的愿景目标。

企业简介:

杭州海康威视数字技术股份有限公司成立于 2001 年,总部位于浙江省杭州市,经过多次增资现注册资金为 20.08 亿元,是一家集音视频监控设备、软件研发、生产、销售、服务于一体的高新技术企业,也是全球领先的综合监控产品及解决方案提供商。截至 2014 年末,公司拥有员工 8074 人,本科以上人员 4385 人,拥有科技人员 3450 人。

目前,海康威视已拥有了包括视频采集、编码、传输、存储、控制、解码输出、大屏显示、中心管理平台软件的层次递进的全线监控产品及行业整体解决方案,下设 18 家国内子公司、10 家海外子公司、32 家国内分公司,营销及服务网络覆盖全球,已成为中小板市值最大的公司。公司连续多年被评为"中国安防十大品牌"、"中国安防十大民族品牌"、"安防行业十大品牌特殊贡献奖"、"中国平安城市建设推荐品牌"、"十大监控系统品牌"。

用技术推开全球市场大门

——杭州海康威视数字技术股份有限公司诸多"第一"背后

2013 年 1 月,由全球权威安防媒体杂志《安全 & 自动化》举办的 2012 年度"全球安防 50 强"评比中,杭州海康威视数字技术股份有限公司以全球第五、亚洲第一的佳绩继续保持前五位。同年 6 月,国际权威调查机构 IMS 公布了 2012 年度全球视频监控市场排行榜:在整个 CCTV 和视频监控领域,海康威视蝉联世界第一;DVR 产品连续五年位居首位,领跑全球市场;模拟摄像机和百万像素网络摄像机跃居全球第二……

借助于强大的技术实力,以技术带动市场,抓住市场需求和业务特点,海康威视对特定行业和特定客户的"订单式"定制研发,推动了企业将业务领域从嵌入式产品开发延伸至安防整体系统解决方案及产品供应,实现了一个又一个新产品业务的跨越,创造了业界诸多第一,牢牢占据着市场高端地位,比肩国际知名品牌,成为安防监控领域的标杆。

不变的坚持,以技术带动市场

海康威视密切关注安防市场的发展,坚持以技术带动市场,每年投入巨资,根据行业技术的发展方向,瞄准全球市场需求,不断进行前瞻性技术研究、不断推陈出新。凭借强大的研发力量和严格的质量控制体系,公司高效地开发出了适应市场的新产品,提供了更加完善的产品解决方案和产品,快速响应客户的真正需求。

为了满足市场日渐复杂的多样化安防需求,海康威视除了致力于发展高性能的 DVR 和 NVR 等后端产品,还不断加强前端产品的研发能力,延伸产品线。我们知道,在监控领域最大的摄像机市场中,国内摄像机厂商主要用的是索尼、夏普等芯片组来做的,企业主要做参数的配置和信号的处理,并没有深入到摄像机的核心技术 ISP 环节。但海康威视不愿意放过这样的市场,在 2004 年开始投入人员研发 ISP 技术并逐步获得突破,在高清摄像机方面获得了一定的技术优势,开发出了国内第一只自主知识产权的一体化机芯,为海康威视在海外市场中争取了定价主动权,也为"中国创造"注入了新鲜的血液。2008 年,海康威视成功推出前端摄像机系列产品,一经推出,摄像机就成为公司新的利润增长点。2009 年,海康威视的摄像机产品作为国产品牌,打破了多年来国外品牌"垄断"高端应用市场的局面,成为首个入围中国银行的国产摄像机品牌。

此外,在前端监控领域崭露峥嵘的海康威视还于 2010 年,凭借着过硬的实力,在国内最大单一视频监控项目,也是全球目前最大的高清监控项目——"浦东新区城市监控覆盖项目"上漂亮地赢得了政府订单,成为高清产品及方案的主要提供商。如今,海康威视监控前端产品已覆盖到高清、模拟、标清、IP。

随着安防与IT技术集成、行业系统应用、业务模式创新、项目建设模式创新等趋势的发展,海康威视设立了杭州海康威视系统技术有限公司、杭州海康威视软件有限公司、杭州海康威视安防设备租赁服务有限公司、重庆海康威视系统技术有限公司,从而有效地跟紧了产业在技术与应用创新、业务模式和项目建设模式创新的需求;海康威视还收购了上海高德威智能交通系统有限公司、北京邦诺存储科技有限公司、北京节点迅捷技术发展有限公司及其关联公司等,这一系列收购,实现了海康威视在交通行业、网络存储市场的快速拓展,以及从安防监控到安防报警的横向业务扩张。海康威视由最初单一的产品销售转型升级为产品、软件平台、解决方案等整体销售的一体化综合解决方案供应商。

目前,公司产品已出口至100多个国家和地区,成功应用于北京奥运会、上海世博会、中共十八大、美国一号公路、联合国总部大楼、德国世界杯等,成为高端场合的首选品牌。

个性化打造,以产品定制拉动需求

牢牢抓住市场需求和业务特点,实现对特定行业和特定客户的"订单式"定制研发,并从个性化和标准化中找到平衡点,结合技术平台与客户需求,使顾客个性化需求成为标准化的模块,并将"定制产品"的客户共性需求,实现规模化生产与个性化需求并行,制造真正符合市场需求的产品。这是海康威视一直在努力的方向。

多年来,海康威视在产品定制化方面积累了丰富的研究和实践经验,可为各个行业的特定需求提供专用性极强的个性化定制产品。比如，DS-8000AH/AHL 系列 ATM 专用 DVR、DS-8004SH/SHL 系列审讯专用 DVR、适用于交通工具的 DS-8000HM 系列车载专用 DVR、防爆专用摄像机等。同时，针对体育场馆、交通、银行等不同场所或行业的安全需求特点，为其量身定制应用软件系统，提供产品应用集成平台。

由于"定制产品"符合客户个性化的需求，丰富的产品结构，快速的研发、设计能力，个性化的定制生产，让用户有更多的选择，更加方便地构建监控系统，从而获得了长期稳定的大型客户渠道。同时，配套性的产品容易帮助用户节省采购成本，且产品技术支持与售后服务保障也容易实现。这使得公司容易获得较好的定价和获得更高的毛利水平，在市场竞争中占据了先发性优势。通过把握这些市场需求，海康威视巩固和强化了公司的市场龙头地位，推动了公司市场占有率逐步提高。据统计，公司"定制产品"的周生产批次最高已经达到 600 多批次。

海康威视明白，虽然"定制产品"可以拉动市场的需求，但前提必须要以质量作为保证。海康威视一直奉行"可靠性优先"的原则，苛求品质，建立了一套严格的质量控制体系，并随着产品线的越来越丰富，不断加以改进和完善。通过贯穿产品开发设计、供应链生产管理和售后服务等方面的全流程质量控制体系，海康威视努力确保产品的品质。同时，公司还全面执行 ISO9001：2008 质量管理体系，建立了标准化体系和计量检测体系，所有的产品都需要经过严格的可靠性测试，通过 CCC、FCC、CE、UL 等认证。此外，高效的研发管理体系和强大的可持续研发的能力，完善的研发制造体系使公司每一个新拓展的产品线都在一个统一的管理平台和流程管控之下，从而保证了海康威视的系列产品的质量和稳定性。

与此同时，海康海威还在品牌建设方面深下功夫。公司"以客户为本"，推行"技术营销"的路线，尤其注重售前技术服务工作，为客户提供整体解决方案,引导客户需求,通过建立高效的服务体系促进产品的销售。目前,海康威视已在国内设有 32 家分公司,建成了完善的销售、物流和服务体系。通过新建、扩建海外分支机构和持续地加大市场投入,公司在境外注册商标 117 件,在香港、美国、比利时、荷兰、俄罗斯、印度、新加坡等地成立了 10 家全资或合资子公司。通过不懈的努力,海康威视产品在重大的安防工程项目中得到广泛应用。

身集众多"第一",但从未止步

不断把握机遇,专注于技术与产品的持续研发,是海康威视集众多"第一"于一身的重要因素。

得益于视频监控技术与产品的持续研发,海康威视在数字视频监控领域已经形成包括编解码算法、硬件技术平台及软件平台开发等在内的完整技术体系,并积累了大量的行业应用经验,产品的核心算法均为自主研发。目前,公司拥有了视音频编解码技术、图像处理技术、视音频数据存储技术、网络传输和控制技术、专用集成电路的应用技术、嵌入式系统开发技术和视频分析与模式识别技术、大数据处理技术等 8 大核心技术。在技术领域始终保持行业的领先地位。

就在市场上还在普遍使用 MPEG4 的时候,海康威视抓住由 ASIC 编码为核心到 DSP 编码为核心变化契机,启用了当时并不知名的 H.264 编码技术。2003 年,海康威视于全球范围内首次在监控产品上实现了 H.264 编码技术,先后推出了新一代的音视频压缩板卡、网络硬盘录像机、网络视频服务器、网络摄像机等高新技术产品,开发步伐与国际同步,水平居于国际先进行列。而市场的反应是最好的证明,H.264 技术后来成为市场的主流编码标准。在那一次产品升级换代中,海康威视跃上了一个新的发展台阶,脱颖而出一举成为安防监控领域的佼佼者,产品畅销国内外市场。多款核心产品蝉联全球市场第一位。

此后,海康威视又创造了其他众多的行业和世界第一:首家推出 H.264 标准的数据编解码设备;首家提出并实现了硬盘预分配技术,大大提高了数据的安全性;首家提出 DCIF 分辨率的概念,使低带宽下数据高效传输成为可能;首家推出 16 路 D1 全实时 DVR;首家提出分散存储、集中管理的概念;首家推出嵌入式 Hybrid DVR,集数字、模拟于一身;首家推出集编码、网络解码、矩阵、画面分割器于一体的视频综合平台……而这么多的"第一"并未让海康威视停止脚步,因为它需要向着更高的目标迈进。

从目前来看,安防监控行业已经出现几个发展趋势:一是国内以智慧城市建设为代表的行业应用向大型化和综合化演进,一体化解决方案将被更多关注;二是民用业务逐步兴起;三是海外市场从单纯强调"性价比"逐步开始关注综合交付及服务支持能力;四是视频监控系统的高清和智能化的趋势不改;五是政府项目的垫资需求增大。

下一步,海康威视将根据安防行业的发展方向,通过建设"一个平台"、构建"两个体系"、提升"三大核心能力",形成"全球化研发布局"。以协同均衡创新体系突破核心技术;以核心技术实力保障领先产品竞争力;以领先产品竞争力支撑自主品牌建设;以卓越品牌打造企业高端形象;以全面创新引领行业发展进步。

同时,公司还将致力于人人轻松享有安全的品质生活,逐步从"产品制造商"向"产品制造+方案+服务"提供商转变。海康威视规划在五年内,稳居全球视频监控领域第一位,进入全球大安防行业前三甲,成为全球卓著的专业安防公司和安防产业的领跑者,使"海康威视"成为全球安防行业高知名度的行业品牌,形成全球领先优势。

企业简介：

聚光科技(杭州)股份有限公司，主营业务为研发、生产和销售应用于环境监测、工业过程分析、安全监测领域和实验室分析的仪器仪表，主导产品广泛应用于环保、冶金、石化、化工、能源、食品、农业、交通、水利、建筑、制药、酿造、航空及科学研究等众多行业。

聚光科技在公司规模、研发实力和市场占有率等方面都排名国内行业首位，成为中国分析仪器行业和环保监测仪器行业龙头企业，及中国在环境与安全检测分析仪器领域重要的创新平台与产业化基地。当前，聚光科技已建立了国家环保部认定的"环境监测仪器国家工程技术中心"，并设立了"国家级博士后科研工作站"、"浙江省环境与安全检测技术重点实验室"、"环境与安全在线检测仪器浙江省工程实验室"等创新平台；被国家发展改革委、工业和信息化部、财政部、商务部、国家税务总局等五部委认定为2011—2012年国家规划布局内重点软件企业；2011年被认定为"浙江省聚光环境检测技术研究院"。

超前差异化中，寻一片蓝海

——聚光科技(杭州)股份有限公司走在分析仪器高端之路

如何在一个被国外技术和市场垄断的行业挖掘商业机会，占领高端市场？聚光科技(杭州)股份有限公司选择市场相对不那么成熟、供应商相对不是那么多、竞争相对不那么激烈的产品与领域切入，并且在这个行业中潜心埋首十余年。

中国的分析仪器市场总体市场需求规模很大,但高端分析仪器长期被热电、安捷伦、西门子、ABB 等国外跨国公司垄断,分析仪器产品进口量居高不下,国外垄断企业利用其技术和市场先入优势,凭借市场品牌效应和完善的营销手段不断巩固在中国的市场份额。对此,聚光科技采取了技术差异化的超前开发,打开了分析仪器市场的新领域。

占领高端要诀:差异化+标准化

传统气体分析系统采用了"两步法",即首先对被测量环境中的气体进行采样,然后对气体进行粉尘、水分过滤。在这一领域上,聚光科技成为了国内首家成功研制"激光在线气体分析系统"的企业。

"激光在线气体分析系统"可对工业过程中的气体实现在线分析,省却采样预处理装置,较好地解决了传统采样分析系统的缺点。该产品的成功研发使我国成为国际上少数几个掌握该技术并从事产业化开发的国家之一。经浙江省科技厅组织鉴定,该产品为国内首创,关键技术指标达到国际领先。经过后续产业化推广,项目产品以良好的产品质量、性能和服务优势,成功应用于钢铁、石化、焦化、水泥、电力、航天、环保、垃圾焚烧等诸多领域,逐步实现了对红外等传统检测产品和进口同类产品的替代,已占据了中国市场同类产品 95% 市场份额,累计实现销售收入 9.5 亿元,取得了显著的经济和社会效益,并出口美、英、日等国。

该产品先后获得浙江省科学技术奖一等奖、国家科技进步二等奖、中国专利金奖等奖项。鉴于该产品技术的先进性,聚光科技牵头承担了该产品的国际标准和国家标准(已颁布实施)的制定工作。

以技术差异化的超前开发作为基础,聚光科技还把知识产权战略作为企业经营发展战略的重要组成部分,通过全面运用知识产权战略,占领了技术制高点,增强了自身的竞争能力,并以较小的投入获取了更大的市场占有份额。当前,聚光科技针对主导产品关键技术,申请专利 309 项(其中发明专利 154 项),获授权专利 182 项(其中发明专利 62 项),获得软件著作权 85 项,成为国际上激光在线分析技术、紫外分光光谱分析技术等相关领域申请专利数量最多的企业。

为了占领国际竞争的制高点,聚光科技凭借自身创新优势,经国家标委会批准,组建成立了"分析仪器分会光电过程分析仪器标准化工作组",作为牵头单位承担了"半导体激光气体分析仪"、"紫外/可见/近红外光纤光谱分析仪"等四项国家标准制订工作(有两项已颁布实施)。经 IEC 批准,正在牵头制定"可调谐激光气体分析仪"国际标准,这是我国在分析仪器领域首次负责承担国际标准制定项目。2009 年,国家标准化管理委员会授予聚光科技"中国标准创新贡献奖"。

独门业务模式:大矩阵管理

随着经营规模快速发展,聚光科技对人才发展和企业运营提出了更高要求,传统的一维或二维式创新组织架构已不适应中心的业务经营。为了顺应变化趋势,聚光科技不断探索新的组织结构模式,以适应和促进人才和业务的发展。经过持续优化完善,现已形成了大矩阵管理模式,实现研发职能、产品线、解决方案三维矩阵管理。在三维矩阵组织架构中,聚光科技针对各产品线设立管理办和总工办,分别负责管理职能、技术职能的日常化管理,且每个职能模块明确分管负责人。产品线内部设立解决方案部门,结合研发市场资讯,通过深入挖掘形成行业解决方案需求,引导各子产品线的研发工作。解决方案部按不同行业划分团队,横向与每个子产品线均有关联。产品线内部则根据不同的子产品线设置独立的研发模块,每个产品线内部设置管理职能和技术职能。研发部内部的各研发部门,根据各自的业务,在各子产品线上均安排了技术小组,围绕该产品线开展研究开发工作,与子产品线形成矩阵结构。

三维矩阵式管理模式具有显著优点。第一,强化市场导向,建立市场驱动型组织。研发部门完全以市场需求作为产品开发的依据和驱动,通过研发市场管理和解决方案团队的运作,市场导向在研发团队内部得到完全贯彻,并成为研发工作的方向标。第二,实现充分授权管理。通过设置管理办和总工办,业务管理和技术管理职能得到充分授权,集聚众人力量和智慧,提升管理的效率。第三,横向和纵向充分密切配合。研发部门和产品线形成横向、纵向交错的管理机制,以产品为核心,最大限度地将资源集中起来,高效使用。因此,聚光科技通过组织架构的优化和完善,逐步适应了企业技术中心业务模式具有多技术平台、多产品线和多行业应用的特点。技术研究、产品创新、应用拓展和成果转化的效率得到了显著提升。

人才培养奇招:营造"赛马"环境

聚光科技的产品核心和关键技术覆盖环境科学、环境工程、环境化学、光学仪器、光电子、精密仪器、工业自动化、电子信息工程、软件工程、半导体物理、电子材料与器件、测控技术与仪器、机电一体化、化学计量学、分析化学等多个专业,涉及钢铁冶金、石油化工、能源电力、水泥建材、航天航空、环境保护等诸多行业应用领域。针对技术难度大、跨度广、系统高度集成、市场应用细分等特点,我们建立了480余人的研发团队,其中硕博士人数占40%,2011—2012年度两年共投入1.74亿元研发费用,夯实了企业技术中心的技术基础,为中心持续、高速的发展提供了源源不断的推动力。

聚光科技坚持技术创新人才的培养和引进,先期通过校园招聘吸引了一批技术功底扎实又严谨踏实的人才,进而公司通过树立业绩标杆、营造"赛马"环境、设定激进目标,实践挑战性任务,研发人员可以通过自身的努力快速成才,进而成为推动公司创新发展的中坚力量。对人才引进和选拔采取"按需引进、任人唯贤、量才适用"的原则,人才招聘选拔和干部任用选拔上不论资排辈,而是根据个人能力安排具有挑战性的工作。

技术带头人王健主任带领研发团队锐意创新、不断进取,主持并出色完成了多项国家及地方科技计划项目,创新产品先后获"国家科技进步二等奖"、"中国专利金奖"、"中国标准创新贡献奖"等奖励,入选中组部首批海外高层次创业人才"千人计划",被中组部等四部委授予全国"杰出专业技术人才",被浙江省政府授予"浙江省特级专家"等称号,在科研方面做出了较突出的成就。

同时,聚光科技高度重视人力资本的增值,并根据创新人才的自身优势和特点设置了培育专家型人才、多能型人才和复合型人才等三条发展通道和培育方式,并重视人才团队的培养,发挥人才团队效应。为了全面提高研发人员各方面的素质,激发研发人员积极进取、勤奋务实的创新精神和研发能力,公司通过引进来、送出去等方式对他们进行各种系统的培训。例如:请有丰富业界标杆企业工作经历的资深老师、顾问到企业进行内训;请高等院校、科研院所的年轻才俊到公司实习,提供学习和实践平台,并与浙江大学、杭州电子科技大学、上海理工大学、瑞典皇家理工学院等院校联合培养工程硕士研究生、博士研究生和博士后;选派有发展潜力或担当公司重要岗位的员工参加外部培训,了解和搜集业界最新发展理念、信息、趋势、工具、方法,开拓视野,激励斗志;在公司内部通过如"组织学习体系图示"的各种学习活动帮助和引导每一位员工根据自身职业生涯规划和公司发展机会进行持续的学习。此外,公司还通过完善创新激励机制、推动技术要素参与分配、实行短中长期激励有机结合的方法,激发研发人员的创新动力,并保持公司科研开发队伍的稳定。

未来发展配备:融合信息化

聚光科技的企业技术中心十分重视信息化建设。IT 部门作为一级部门成立于 2007 年(原属于公司研发部下设部门)。整个信息化建设的推进十分迅速。在软件平台方面通过近几年的规划性建设,目前公司 IT 已形成 ERP、PLM、CRM/MES/CSS 三大业务平台为主并以协同 EIP 企业信息门户、ERM(加密软件)、EPROS 工作流平台、HRP、呼叫中心、Citrix、VPN、视频会议等多个系统为辅的信息系统架构。在网络硬件方面包括赛门铁克的防病毒及灾备、存储、综合布线系统、无线/宽带/局域网系统、闭路电视监视控制系统、报警系统、一卡通系统,公共广播系统、多媒体信息、综合管路系统。

目前聚光科技所有的大型应用系统均采用分层的设计思路,整个网络架构分为三层:核心层(高速数据交换)、汇聚层(路由聚合及流量收敛)和接入访问层(工作组接入及访问控制等)。企业技术中心根据网络架构,通过组合必要的安全设备和安全服务(机制)构建了网络安全系统,为集团信息化建设创造了一个安全的网络环境。

在数据备份与恢复上:中心采用多备份策略(增量、全局),双机热备冗余服务器,支持多计划数据备份,可自定义周期和时间,可支持差量备份和完整备份。提供整体系统的数据的备份和恢复解决方案,提供数据备份的工作流程,保证数据的安全。

为了迎接物联网这一新技术浪潮的到来,聚光科技 2010 年在杭州滨江物联网产业园征地 60 亩,计划投资 6 亿元,围绕环境保护、工业安全、公共安全、科学仪器、智能电网、智能医疗等 6 大核心业务,规划建设国内领先、国际一流的环境和安全监测物联网研发创新基地和产业化基地。截至 2012 年底,物联网基地建设工作已全面铺开,土方工程已完成过半,并进入基坑支撑梁施工阶段。

企业简介：

　　浙江大华技术股份有限公司主营业务为安防视频监控产品的研发、生产和销售，主导产品包括模拟摄像机、球机、网络摄像机（IPC）、智能交通等前端系列产品、数字硬盘录像机（Digital Video Recorder，DVR）、网络硬盘录像机（NVR）、网络视频服务器（NVS）、IP 存储（IPS）等存储系列产品、数字大屏显示等终端显示系列产品、远程图像监控设备及安防整体解决方案等。

　　企业产品广泛应用于各大安防工程项目，包括国家"平安城市"、"科技强警"、"全球眼"、"智慧城市"等重大工程项目，以及世界最大水电工程三峡葛洲坝电厂远程监控项目、上海 APEC 峰会、北京奥运会"鸟巢"场馆、上海世博会等重要国际活动和工程。凭借强大的全球市场掌控力和技术掌控力，大华股份构筑了安防行业视频监控领域的全球领先地位。

一切皆为创新

——浙江大华技术股份有限公司超越传统发展模式

　　浙江大华技术股份有限公司超越传统制造企业和服务企业的特性，构筑起以"一切皆为创新、一切服务创新"为发展主线，以"国际一流核心技术研发与高科技服务研发相协同"为本质特征，打造企业自主技术创新体系的新模式，即把技术中心打造成为企业持续发展的引擎、产业核心技术开发枢纽、安防新兴产业的孵化器，统领企业发展战略、治理机制与运行体系。

"恒星式"组织结构

要全身心地为创新服务,大华股份形成了"目标统一、运作高效"的"恒星式"的技术中心组织结构,下属十个部门各司其职。

技术委员会对公司中长期科技发展规划和技术中心技术研发方向提供建议,对年度重点科技项目提供建议;对公司重大科研创新投入与经费预算等提供决策建议,对重大技术难题专项会审、突破。

产品委员会为公司研发设计的产品实施卓越和精品工程,审定开发产品发展路标,确保公司产品战略决策的及时性和正确性,以及产品委员会以有序的方式进行运作。

基础研究部分主要负责安防行业的硬件和软件方面的前沿技术、关键技术的研究和跟踪,一方面为企业进行技术储备,另一方面确保企业能引领行业的前沿。

共性技术部主要负责安防行业各种产品的共性技术的应用研究,为各种新产品的研发提供强有力的技术支撑。

产品研发部在应用研究部的共性技术支撑下,结合各个产品研发室的独特技术,承担中心与有关部门下达的研究项目和任务,开发各种类型的产品。

系分部负责产品系统设计、产品开发、需求分析、问题解决、核心技术专利挖掘;技术规划和技术支持,统一技术框架,推进模块重用,研究核心技术,保证核心模块的功能性能等;模块发布、基线发布、权限变更、状态整理、编译服务器维护、SVN 数据备份、基线编译发布。

测试部负责对新产品的研制过程中提供技术支持和服务,对研制过程中暴露的设计技术问题有决策权并组织进行改善,对新产品试制过程中进行跟踪服务;技术中心新产品型式试验和工业性试验,并进行中试阶段的跟踪和改进；新产品发布前的测试，基线的更新测试以及订单需求类的测试。

联合实验室中的大华-TI联合实验室主要针对编解码技术研究，以及TI处理器的性能优化研究，软件性能指标分析、编码算法定量分析、算法性能优化，新一代处理器平台性能评估、测定；大华-Altera联合实验室则是Altera公司以大华技术需求为参考，采取技术同步研发的方式，保证其新产品和大华前端IP存储、后端球机及摄像机等安防产品同步发行，充分保障了大华的技术领先性，实现合作双方在技术和市场上的双赢。

研发管理部负责项目管理、完善企业许可、产品注册、知识产权申报体系，健全执行制度、职责、流程、产品注册管理、知识产权管理、科技奖励规划、申报和获准、完善国家扶持项目申报体系、申报项目整体规划和实施、国家资金扶持项目。

与浙江大学"博士后科研流动站"联合招收、培养博士后研究人员，会同浙江大学"博士后科研流动站"专家教授共同对申请从事博士后研究工作人员进行资格和学术水平审查。在站博士后项目立项围绕公司前沿技术、基础研究等核心技术开展，重点进行智能算法相关技术研究。

多层次多模式人才配置

人员的配置也完全为创新服务。经过多年探索，大华针对不同职能、不同级别的认识，实施多层次、多模式的人才培养机制。

第一，"点线面"俱全的多层次培养体系。公司使用了多种培训推动工具，使技术人员得到绩效奖励和资格晋升的机会；构建了基于胜任力的系统性培训和基于业务的分享，使员工掌握相应的职业道德知识、公司文化和礼仪知识、团队协作和自我学习能力、管理技能与管理理念以及先进的互联网交流方式;采取了多种培训形式,让员工有效率、有效果地学习到专业及人力资源知识。

第二,"两大线"、"多级别"的专业培养模式。"两大线"指的是技术线和管理线,技术线主要是指针对技术人员的业务特点,进行专门的技能培养,紧密围绕业务需求来开展;管理线则是面对不同级别的管理人员进行的系统培训,培训内容则由管理人员所处的岗位级别决定。"多级别"的培养模式是指根据员工入职时间的长短和岗位的级别,分别在其所处的职业生涯不同阶段进行不同类型的培训。

第三,人才激励机制科学合理的人才考核和激励模式。公司按照年度发展指标的完成情况,将个人业绩的考核分为 S、A、B、C、D 五组进行评分。完善合理的人才考核与激烈制度保证了技术中心人才培养的有效性,也同时推动了人才培养制度和模式的进一步完善。

激励模式也同步跟上,大华形成了岗位激励与薪酬激励相结合、制度激励与文化激励相结合、长期激励与短期激励相结合的面向全员、三位一体的激励机制。

薪酬激励使研发人员的收入提高,乐于创新,岗位激励则通过实行"技术级别和行政职务双轨晋升制度",充分发挥了研发人员的才能。

制度激励确保了"人尽其才",使员工的自我发展与企业发展融为一体;文化激励则构建了一切服务技术创新的企业文化。

短期激励包括基本工资、项目提成、专利申请奖励、创新奖励等,更大地激发了研发人员的创新热情;长期激励包括股权激励、长期贡献奖等,有利于稳定和吸引优秀的管理、研发、营销人才,提高公司的市场竞争能力和可持续发展能力,有利于公司发展战略和经营目标的实现。

研发投入贯穿价值链

在投入机制上,大华依然将创新放在首位。以技术为核心,大华实施的是贯穿全价值链的高强度研发投入机制。

公司十分注重研发投入,每年年初提取上年营业收入将近7%作为研发经费,并设立经费账户,实现专款专用。2011年、2012年、2013年公司研发投入分别为9604万元、15004万元、23941万元,占营业收入的比例分别为6.33%、6.80%、6.78%,为企业技术创新提供了有力的资金保障。此外,中心积极申报国家级和省级科技创新项目和高新技术产业化项目,成功后获得相应补助资金,并按相关政策规定获得新技术、新产品减免税及补助等。

为了能够形成长、中、短期不同类型研究项目之间的有机协调,大华实行"三统一平衡"的资金管理机制。"三统"即统一科研项目规划、统一项目预算使用和统一项目成果评价与管理;"一平衡"即使研发经费在中长期基础研究与应用基础研究项目、开发性研究项目以及短期应用研究项目之间进行平衡。

通过引进咨询公司,大华量身定制了协同产品开发流程,对研发流程和研发成果进行模块化和规范化管理,保证产品研发的计划性、可控性,提高了研发的效率。研发流程分为概念、计划、开发与测试、验证与发布、生命周期管理五个阶段。

概念阶段主要完成产品设想,提出产品策划,完成业务计划,制定产品需求规格,对可行性进行全面的分析;计划阶段负责完成总体方案设计,制定产品开发计划;开发与测试阶段是对分单元进行设计与实现,完成原型机开发,进行集成测试,完成初时产品测试、试生产以及工程样机测试以及中试验证,并进行安装和可服务性测试;验证与发布阶段需完成用户验证测试、试生产认证和内部认证/标杆测试,通过产业化导入后进行批量生产,开始投入市场;生命周期管理阶段负责产品的持续生产、销售及维护,产品的改进和优化。

彰显龙头企业带动效应

技术中心的创新成果为公司提供了强劲的成长动力,为公司利润提升贡献显著,提高了公司出口创汇能力,同时也带动了地方经济发展。

首先,技术中心的创新能力支撑了公司持续高速增长。公司的近三年(2011—2013年)的总资产分别为177758.72万元、226909.29万元、339746.86万元,增幅分别为28%、50%。

其次,技术中心创新能力带动公司利润显著提升。技术中心一直以来是推动企业经济效益增长的原动力,新产品销售额占总产品销售额的90%以上。

再次,技术中心的创新能力提高了公司的出口创汇能力。近三年公司实现直接出口创汇34155.32万元、53890.58万元、72469.06万元,增幅分别为58%、34%,近三年公司出口创汇占公司营业收入分别为22.53%、24.44%、20.52%。

此外,技术中心创新能力不仅为公司发展提供了坚实的支撑,还带动了当地经济发展。以上缴税收为例,2012年,公司实际缴纳税金12358.98万元。

技术中心充分利用自有的研发资源,通过对现有先进技术的延伸和整合,在前段视频信息采集、后端视频信息传输、存储、智能化分析、系统集成和视频监控软件方面开发出一系列具有自主知识产权的行业领先技术,增强了其产品的市场竞争地位。

植入虚拟化办公模式

大华公司决策层不仅重视在管理、销售等方面的建设推进,而且特别重视技术中心的信息化建设,确保技术中心能有效地运用先进的研发工具和管理工具,2011年技术中心实行"虚拟化"和"无盘工作站"办公方式,加强了公司研发安全的管理。

技术中心的信息化建设主要体现在信息安全防护上。为保障研发数据的安全,公司早期曾实行内部网和外部网分离、研发人员网络和行政人员网络的分离,但保密效果不明显。从2011年起,技术中心开始实行"虚拟化"和"无盘工作站"办公方式。"虚拟化"应用于不需要使用硬件设备接口的软件开发人员,系统提供输入、输出设备给操作者使用,而软件的运行和硬盘数据的存取功能由后台服务器实现,数据通过内部网络进行实时传输和备份。"无盘工作站"应用于需要使用硬件设备接口的检测、调试人员,但软件运行机制仍与"虚拟化"相同。在信息传输安全上,系统通过软件协议控制,使技术人员向外部网发送信息时接受人工内容检查,防止相关保密信息的外泄,保障了核心技术的安全。

企业简介：

　　杭州诺贝尔集团有限公司是中国建筑陶瓷领域的领军企业，主导产品包括完全玻化抛光砖、亚光砖、欧式复古砖、微晶玻璃陶瓷复合板、瓷质釉面墙地砖及其各种装饰配件等"诺贝尔"和"塞尚·印象"两大系列产品。目前，诺贝尔已获得了"中国环境标志产品认证证书"、"陶瓷行业十大最具影响力品牌"、"中国建筑陶瓷行业特殊贡献奖"、"国家认定企业技术中心"等多项荣誉。

　　公司下设杭州仲元陶瓷有限公司、杭州诺贝尔陶瓷有限公司、杭州菲氏浴厨用品有限公司、德清诺贝尔陶瓷有限公司、九江诺贝尔陶瓷有限公司，以及北京、上海、深圳、浙江、南京、重庆、沈阳 7 大销售公司及其下属 54 家销售分公司。截至 2012 年底，公司总资产 51.96 亿元，总占地面积 3800 余亩，陶瓷墙地砖年生产规模近 4800 万平方米，有员工 5427 人，大学本科以上人员 558 人。

建"一核多点"双引擎平台

——质量、技术成为杭州诺贝尔集团有限公司发展双引擎

　　在 20 多年的发展过程中，杭州诺贝尔集团有限公司凭借"以创新提升品质、以品质开拓市场、以市场创造效益"的发展战略，追求"片片精品"、"面面俱到"的质量目标，逐步实现由弱到强、由小到大，确立了在中国建筑卫生陶瓷行业的龙头地位，引领中国建筑卫生陶瓷行业的稳健发展。

　　同时，诺贝尔紧密结合行业特点，考虑未来产品的质量、技术中心管

理职能和公司整体发展目标后,形成了"一核多点"的多个研发分部组织结构,内部形成"统筹决策平台"、"职能支持"和"矩阵式多点研发平台"等三大平台,实现短期产品开发与长期技术突破并重,为企业可持续发展提供有力支持。如今,诺贝尔已是国内建筑卫生陶瓷行业龙头企业,凭借技术领先优势创造高附加值产品,实现建筑陶瓷砖的绿色制造,引领整个行业走环境友好、资源节约的可持续发展道路。

质量:精益求精

诺贝尔十分重视产品的质量,投入大量的人力、物力、财力自主研发新技术,引进世界先进的设备、仪器开发新产品,这些投入无疑为诺贝尔带来了高额回报。

目前,公司旗下的"诺贝尔"系列产品和"塞尚·印象"系列产品已经牢牢占据了国内高端市场,部分产品超越了国外同类产品,无论是在产品质量、价格和价值方面都已经成为中国建筑陶瓷领域的先导者。旗舰级的诺贝尔产品单一品牌市场占有率连续 9 年位居全国同行业第一,单一品牌销售额连续 9 年名列全国同行第一,上缴国家税收连续 7 年名列全国同行第一。

诺贝尔瓷砖之所以能统领国内高端市场,其优秀品质可以与意大利、西班牙等世界强国的产品媲美,正是得益于诺贝尔人对自己产品质量的精益求精。诺贝尔认为,产品质量是企业生存之本,诺贝尔人以"零缺陷"作为公司追求的目标,实施全面质量管理(TQM),管理为生产服务,生产以超越顾客期望为目标,从创意设计、产品立项、实验试制、改进修缮到成品出产,力求做到精益求精,不断实现自我超越。

目前,诺贝尔已通过 ISO 9001 质量管理体系、ISO 14001 环境管理体系和中国强制性产品(3C)认证,产品质量得到客户和相关部门的一致认可。根据推荐性国家标准 GB/T 4100-2006《陶瓷砖》和强制性国家标准 GB 6566-2001A 类建筑材料《建筑材料放射性核素限量》规定的要求,诺贝尔瓷砖在尺寸、吸水率、破坏强度、断裂模数、有釉砖抗釉裂性、放射性等都达到甚至超过国家规定的 6 个方面标准。正是因为诺贝尔把质量管理放在首位,以打造精品为己任,在国家质检总局的质量抽查中,诺贝尔都名列前茅,成为同行的表率。

事实上,诺贝尔产品不仅"里"名列行业前茅,其"表"也是国内中高档瓷砖的标杆。诺贝尔瓷砖花色品种多,设计新颖,更新换代快,外观设计一直引领国内建筑陶瓷的设计潮流,花色品种一直是国内同行争相学习的典范,对整个行业起到了带动作用,这也是诺贝尔瓷砖能够得到市场高度认可的根本原因之一。通过行业正式和非正式会议、展览交流,诺贝尔产品为同行提供了一个学习的标杆,促进了整个建筑卫生陶瓷行业的发展。近年来,诺贝尔积极主持和参与制定多项国家和行业标准,促进了行业标准化进程。

截至 2013 年底,诺贝尔主持和参与制定了 5 项国家标准和 9 项行业标准,其中 5 项国家标准分别为《陶瓷砖》(GB/T 4100-2006)、《卫生陶瓷》(GB 6952-2005)、《陶瓷砖试验方法》、《建筑卫生陶瓷单位产品能源消耗限额》、《陶瓷砖防滑性试验方法》。

技术:创新驱动

诺贝尔始终坚持创新驱动发展的战略,以技术研发带动产品创新,以产品创新带动公司发展,以发展证明公司实力。诺贝尔开拓思路、不断创新,在装备技术、绿色技术、设计技术、新产品开发技术和标准化技术等方面取得了重大突破,引领建筑卫生陶瓷行业绿色发展,促进行业从传统的高污染、高能耗向高技术含量、高附加值、高文化内涵转型。

　　在此过程中,也让诺贝尔斩获了众多荣誉:2006年,诺贝尔被认定为"浙江省高新技术企业"、"浙江省专利示范企业";2008年首批被认定为"国家重点支持领域的高新技术企业";2009年获批"全国企事业知识产权试点单位",2010年获批"浙江省创新型试点企业"、"国家认定企业技术中心"、"浙江省博士后科研工作站试点单位",2012年成为第一批"国家知识产权贯标试点企业"。

　　我们知道,陶瓷生产单纯引进技术设备不能代替科技开发,没有强大的研发能力,企业将很难获得长足发展。作为国内建筑卫生陶瓷行业龙头企业的诺贝尔,从创业伊始,就致力于国际先进技术引进后的二次创新,实现关键国外先进生产设备的国产化,以打破国外生产设备技术封锁,从而推动行业技术的进步。

　　近年来,诺贝尔积极引进意大利宽体窑炉、高吨位压机和ROTOCOLOR、ROLLFEED、INKJET等代表世界领先技术的设备和工艺技术,并结合国内建筑陶瓷生产的工艺现状和需求特点,对其进行技术升级和本土化,生产出了具有独特优势的产品。诺贝尔引进亚洲第一台数码喷墨陶瓷装饰机,通过和国内知名陶瓷设备制造商"佛山市南海区希望陶瓷机械设备有限公司"合作研发出本土化的数码喷墨陶瓷装饰机,使得每台设备的成本降低了200万元,大大降低了企业关键设备投入成本。诺贝尔对国际先进技术的引进和本土化,不仅为诺贝尔的发展起到了如虎添翼的作用,更是为整个行业的技术进步起到了推动作用。

　　无论是国家政策导向,还是企业自身发展需要,"低污染、低能耗、资源节约型"的产品都将是我国陶瓷行业发展的主流方向。要实现这个目标,绿色技术是关键。通过绿色技术的运用,降低对自然资源和能源的消耗,实现"三废"的减量减排,生产出低辐射、有助于健康和环保的绿色产品。近年来,诺贝尔依托强大的研发团队和开放式的创新体系,在绿色技术方面突破行业瓶颈,达到了国际领先水平。

同时,诺贝尔一直将创新视为企业的生命力,坚持独树一帜的设计风格。技术中心不仅拥有一支强大的外观设计团队,而且频繁开展国内国际合作,如与中国美术学院、与国外优秀设计公司合作创新,使得诺贝尔的装饰设计技术一直处于行业领先地位。同时结合国内消费者的需求特点,把建筑陶瓷当作时装一样进行风格设计和产品包装,使其成为具有文化内涵的艺术品,大大提高了产品的附加值。目前,诺贝尔的外观设计已经是国内陶瓷行业设计风尚的领潮者,在竞争中具有绝对优势,同时通过外观设计技术创新,积累了大量设计技术方面的知识产权。

平台:“一核多点”

质量的提升,技术的进步,都需要有平台作为保证,这是企业不断获得发展的重要源泉,诺贝尔充分认识到了这一点。在综合考虑到建筑陶瓷行业独特的研发和生产特点、自身行业地位、战略目标和人财物资源,诺贝尔以构建材料创新能力和设计实现能力“两个核心能力”为导向,创新性地设立了“一核多点”分布式研发平台。

“一核”是指以集团技术中心为核心,重点进行对行业关键技术、前沿技术的跟踪和行业关键共性技术体系的研发。陶瓷业作为一个历史悠久的行业,面临着诸多发展障碍。它对自然界各种非可替代、非可再生粘土、矿石的大量采挖不仅抬高了原材料成本,还带来了严重的生态破坏;为追求质量,对瓷砖坯体长时间和多次的高温煅烧在提高生产成本的同时也造成了环境污染;为实现特定效果而不得不使用对人体可能带来辐射等损害的材料。受制于这些障碍,大量的陶瓷企业选择一味地追求规模效益带来的成本降低,既大幅降低了行业利润率,也为生态环境带来了更大的压力。

　　诺贝尔在国内同行业中已经处于领先位置,较高的利润率和稳定的现金流运转使诺贝尔有条件对研究解决关键技术障碍持续投入,而企业进一步发展的战略远景也指向了"国际领先,国内引领"的角色。因此,诺贝尔技术中心凝聚核心研发力量,建立起基础研究部、艺术设计中心、工艺技术部、产品开发部以及中试基地等多个部门,瞄准行业共性关键技术问题,以技术绿色化、工艺环保化、产品功能化、流程智能化为导向,进行长期规划和投入,力求在核心技术领域实现突破式引领。通过设立博士后科研工作站以及分别与上海大学、中国美术学院联合成立的"联合研发中心"、"陶瓷艺术设计中心",引进国内外优秀的科技资源,合作开展前沿技术研究,为企业持续发展奠定基础。

　　"多点"是指与各个生产基地紧密结合的分布式研发分部,重点关注新产品开发和生产工艺创新。要想生产出高质量的陶瓷就需要有最佳的陶瓷坯体配方和烧压指标,而陶瓷坯体里各种粘土、矿石的配比及生产时的烧压指标是没有固定的标准可供直接搬用的。因为,来自于不同产地甚至同产地不同土层深度的矿石所含成分都有差别,以及在实现外观效果时添加的粉料都会要求生产工艺的相应调整;釉料会因坯体成分和烧压条件的不同在烧成后表现出来不同的色彩;每一条生产线的压力、温度、湿度也有不同特点。这导致在实验室开发出来的产品,当使用生产车间的原料和生产线时,得到的产品往往会较大程度地偏离预期的质量标准。

　　基于此,在研发过程中的产品外观设计实现阶段,诺贝尔使各研发分部与各个生产基地紧密结合,建立起多点分布式研发体系,与一线生产员工高度互动,并在具体生产过程中提供细致高频率的技术指导,以确保产品开发的有效性和新产品质量。

企业简介：

中天建设集团有限公司（简称"中天建设"）是一家以房屋建筑、基础设施建设为主要经营业务的全国 500 强大型企业集团，全国 50 强民营企业。多年来，企业始终保持浙江省建筑行业领先地位，连续多年在"中国建筑业 500 强"排行榜中单个法人总产值荣列第一位，在"中国房屋和土木工程建筑业纳税百强"排行榜中纳税排名第一。

在城镇化发展的历程中，中天建设紧紧抓住时代机遇，倡导"每建必优、品质为先"的品质理念，共创出鲁班奖 21 项，省部级以上优质工程 700 多项，被誉为"创优大户"，企业更是首届浙江省政府质量奖获得者。

近年来，公司以承接"高、大、难、新、特"项目为突破口，承建了杭州奥体博览中心主体育场、郑州绿地中央广场、北京国际中心、上海中融—碧玉蓝天广场、上海新国际博览中心新馆、湖北省人民医院、广州长隆酒店、中国人寿大厦、广州东莞希尔顿酒店、海南三亚凤凰岛等一大批标志性工程。

万丈高楼"人才"起

——中天建设集团自有一套人才培养经

300 米的高楼，"一览众山小"的气魄。中天建设集团浙江钢构有限公司董事长蒋金生说："如果不依靠人才，这个高度在我们眼里和珠穆朗玛峰没有区别。"

地下一层的停车场司空见惯，可是五层呢？这俨然一个地下车库王国。不断向下挖潜的奥秘,蒋金生用两个字概括:人才。

在企业"科技兴企"战略的推动下,中天建设通过整合全集团的科技人才资源,努力形成适应建筑、房地产和新材料等领域特点的技术创新体系,提升技术研发、技术管理、技术运用,以及吸收消化、集成创新、后续开发再创新等方面的技术支撑能力,提高科技贡献率。与目前同一竞争层面企业相比,中天建设借"人才之力",取得了明显的技术差异优势,在多个领域具备与国内特大型企业同台竞争的技术能力。

多部门联合支撑人才培养平台

为确保科技发展目标的顺利实现,从集团公司的实际出发,中天建设优化科技力量布局,合理配置科技资源,基本形成上下结合、资源共享、各有侧重、优势互补的科技创新格局。

通过整合原总工室人员及新招聘人员,中天建设成立技术研发中心,下设施工技术研究所、建筑信息化研究所、绿色建筑研究所、建筑工业化研究所四个所,区域公司技术发展处为技术研发分中心,开展施工技术、绿色施工及绿色建筑、BIM技术应用、建筑 PC 产业构件等方面的研究。

成立中天建设集团建筑设计院,具有建筑行业(建筑工程)甲级设计资质,可承担建筑装饰工程设计、建筑幕墙工程设计、轻型钢结构工程设计、建筑智能化系统设计、照明工程设计和消防设施工程设计等专项工程设计业务,可从事资质证书允许范围内相应的建设工程总承包业务以及项目管理和相关的技术与管理服务。

建筑设计院下辖建筑设计一所、建筑设计二所、建筑设计三所、建筑设计四所、设备设计所、可持续建筑与环境设计分院等,共有各类专业技术人员近百人,其中教授级高工 4 人,高级职称 8 人,中级职称 16 人。各类注册工程师 19 人,其中一级注册建筑师 6 人、一级注册结构工程师 4

人、注册电气工程师 2 人、注册岩土工程师 1 人、注册公用设备工程师(暖通空调)3 人、注册公用设备工程师(给水排水)3 人。设计院设备先进,专业配套齐备,专业技术人员实践经验丰富,具有可靠的质量保证体系和完善的工程管理制度。

技术研发中心、建筑设计院与总工室、工程管理部、重大工程事业部等部门联合共同支撑整个集团的技术发展,形成强有力的技术保障。

定时、定向、定量培养计划

"人才是公司最宝贵的资源。"面对高素质人才短缺现状,中天建设广开引进渠道,按照市场化的原则大力引进中高级技术人才。其中,硕士生培养计划被实践证明,是培养有潜质、高素质人才的有效途径,通过中天助学金的支持每年从知名院校招聘一批高素质、有培养潜质的硕士毕业生,由集团公司人力资源部直接管理,通过下放项目部培养锻炼、配置公司资深人士做导师、开展课题研究等途径提高实际操作能力和创新能力,为提升集团公司承接高大难工程的能力,集蓄领先的人才力量。

通过整合集团公司内部讲师资源,建立共享师资库,持续开发标准化的制式课程,中天建设积极利用外部培训资源,形成自学研修、内训、专题讲座、学院培训、外送进修学习等多形式的培训体系,实行培训层级管理。集团公司侧重于中高级技术人员的培训,以及列入专门员工培训机构的培训。通过培训强化其战略规划能力、系统思维能力、宏观决策能力和开拓创新能力,提高其技术管理和创新水平。对中高级技术人才,集团公司作为战略性的任务来执行,实施中长期的培训计划,包括采用国外研修、脱产学习、到国际领先企业见习等方式来提升培训效果。要从岗位能力分析入手,建立起各类岗位的能力要求和标准,明确员工履岗的现状和能力差距,有针对性制定培训规划,真正解决好培训谁、培训什么、怎么培训三大关键问题,通过培训提高员工队伍的整体素质和专业化、职业化水平。

为加快技术强企战略,2013年起实施"人才三年培养计划"。同时,加大投入,明确人才培养岗位和数量,并制定配套的人才培养管理办法,一方面引导集团各单位按"成长、成才、成果"三个级次分类分层分阶段地开展人才培养工作,另一方面从组织机制、人才标准及能力提升等方面入手:一是完善职业发展通道,明确成长路径与转换机会。完善企业内部员工多通道成长机制,扩展技术专家型员工的上升空间,推进专业技术岗位职务评聘,加快员工成长。二是大力培养高层次人才与核心人才。集团根据"人才三年培养计划"的总体部署,拟定中高级人员专项能力提升方案、工程技术类分级专项培养方案、硕士研究生及重点本科生应届毕业生专项培养计划等,并针对部分人才实施有针对性的挂职锻炼,丰富其多岗位的工作经历。三是加大基层岗位与年轻人才的培养开发力度。逐步实施项目部员工定向培养,选拔一批有较好潜力年轻员工,通过专业学习、机关项目间轮岗锻炼、重点项目锻炼及导师辅导等方式进行培养。

人才的学术范和国际范

与高等院校长期、密切的合作,建立产学研与相关院校联合办学,让中天建设的人才培养始终保持着鲜活的生命力。中天建设的员工培训中心与具有取证资格和相当教学实力的相关院校建立合作关系,充分利用其师资、校舍和设备,努力把员工培训中心办成宣贯企业战略和文化、拓展员工知识、提升员工履岗技能、塑造员工思维模式的先进教学机构。

与同济大学建立合作关系,设立科技合作中心。与同济大学土木工程学院建立科技合作中心,充分利用学校与企业、科研单位等多种不同教学环境和教学资源以及在人才培养方面的各自优势,一方面从根本上为了解决学校教育与社会需求脱节的问题,缩小学校和社会对人才培养与需求之间的差距,增强了学生的社会竞争力;另一方面,也为企业的发展提供了技术支撑及高端人力资源,实现了优势互补、资源共享。

与同济大学土木学院合作研究的住房与城乡建设部建设科研项目《信息化技术在提高工程施工质量中的应用研究》,课题框架已经建立,任务分配基本落实,各项工作正在有序进行。通过课题合作研究,增进了集团公司与高校合作关系,加快了高校最新研究成果转化为生产力的速度,推动了企业生产技术的革新,同时,为在校学生提供了一个良好的实践平台,有利于高校的人才培养,从而实现了企业和高校的共赢。

中天建设人才的开发,科技的创新,不但增强了企业的国内实力,也促进了企业的国际市场竞争力。海外工程事业部这支年轻而富有朝气的队伍是中天集团进军海外市场的先锋队;在集团公司的倾力支持下,海外工程事业部曾先后进入科威特、博茨瓦纳、俄罗斯、巴布亚新几内亚、柬埔寨等国的建筑市场,并同德国、委内瑞拉、安哥拉、阿联酋、佛得角、泰国等国以及澳门地区的政府和一流建设单位建立了良好的关系,为进一步开拓海外市场打下了良好的基础,同时,也为集团公司吸收、消化、引进国际先进施工技术提供了一个很好的平台。通过海外项目的施工,积极吸收国外先进的施工技术和施工工艺,弥补国内施工技术、施工工艺的不足,并结合国外当地的实际情况,改进国内的施工技术、施工工艺,坚持走技术国际化的道路,使国内的技术与国外当地的技术有机融合,实现优势互补、相互促进。

接地气,也更接市场

让成长中的人才更"接地气"、更"接市场",中天建设为此制定了完善的研发项目可行性研究的工作程序。

筹划准备。首先确定研发范围、目标、前提条件、进度安排、费用支付方法和协作方式等内容,并收集研发项目的背景材料、基本参数等资料,了解研发项目的目标、意见和具体要求,收集与项目有关的基础资料、基本参数、技术标准等基础依据。

调查研究。调查研究包括市场、技术和经济三个方面内容,如市场需求与市场机会、产品选择、需要量、价格与市场竞争;工艺路线与设备选择;原材料、能源动力供应与运输;建厂地区、地点、场址的选择,建设条件与生产条件等。对这些方面都要作深入的调查,全面地收集资料,并进行详细的分析研究和评价。

方案的制定和选择。这是可行性研究的一个重要步骤。在充分调查研究的基础上,制定出技术方案和研发方案,经过分析比较,选出最佳方案。在这个过程中,有时需要进行专题性辅助研究,有时要把不同的方案进行组合,设计成若干个可供选择的方案。

深入研究。对选出的方案进行详细的研究,重点是在对选定的方案进行财务预测的基础上,进行项目的财务效益分析和国民经济评价。在估算和预测工程项目的总投资、总成本费用、销售税金及附加、销售收入和利润的基础上,进行项目的盈利能力分析、清偿能力分析、费用效益分析和敏感性分析、盈亏分析、风险分析,论证项目在经济上是否合理有利。

编制可行性研究报告。在对工程项目进行了技术经济分析论证后,证明研发项目建设的必要性、实现条件的可能性、技术上先进可行和经济上合理有利,即可编制可行性研究报告,推荐一个以上的项目研发方案和实施计划,提出结论性意见和重大措施建议供集团领导作为决策依据。

企业研发的试验条件。在研发项目试验条件方面,集团公司设有施工检测研究所,可以承担部分科研项目试验工作,同时,与同济大学土木工程学院、中国建筑科学研究院、各地质检站等机构合作,科研项目部分试验就近安排在这些机构的试验室进行,这样通过多渠道的合作,有效地解决了科研项目试验条件的问题。

企业简介：

浙江今飞机械集团有限公司始建于 1959 年，是国家大型企业，拥有自营进出口权，为国家机械产品出口重点骨干企业、金华市重点优势企业，主营业务主要涉及铝合金轮毂行业。至 2009 年底，公司总资产 17.3 亿元，拥有员工 2158 人，各类专业技术人员 548 人。企业拥有 1300 万件摩托车轮毂、300 万件汽车轮毂、200 万件电动车轮毂的生产规模。"今飞"牌铝合金车轮商标和产品分别获得浙江省著名商标和浙江省名牌产品称号。

2005 年被评为中国科学院金华科技园骨干企业、省级企业技术中心、金华市魅力企业；2006 年被列为国家汽车零部件出口基地企业、中国汽车零部件行业百强企业；2007 年被评为"2007 年度中国大企业集团竞争力 500 强"之一；2008 年被评为中国大企业集团竞争力 500 强；2009 年被评为中国汽车零部件车轮行业龙头企业，被列入浙江省第一批企业研究院。

飞转中的"四合"之轮

——浙江今飞机械集团有限公司以"四合"理念造轮毂

浙江今飞机械集团有限公司一贯重视科技进步，并依靠技术创新促进企业的快速发展。近 3 年来，公司累计完成 46062.29 万元的技术改造和 27976.3 万元的产品研制开发，为公司快速发展壮大起到决定性作用。目前，企业经济总量位列金华市工业企业之首，汽车轮毂产品规模位列国内第三，摩托车车轮产品规模位列全球第二。产品分别为奔驰、宝马、印度百佳吉、马自达等知名厂家配套并相继出口到世界十几个国家和地区。

随着产品不断更新换代,技术不断升级,今飞逐渐发展出了一套适合于本企业技术开发的活动规则。可以简单地概括为"四合",即原始创新与技术改进互相结合、自主开发与合作开发联合、与上下游企业需求紧密配合、与国内外资源积极整合。得益于这"四合",今飞在短时间内以翻番速度的增长步入了行业前列,不断创造新的市场需求,引领着未来汽车轮毂的发展。

原始创新与技术改进互相结合

今飞认为,若想达到产品市场行业领先,首先要做到制造技术行业领先。因此,企业十分重视创新的"含金量",强调必须有自己的原始创新。

赛车铝合金轮毂制造技术就是一个很好的例子。由于赛车铝轮苛刻的使用性能要求其制造精度和比强度远远高于现有车轮产品,因此需要的制造技术与现有技术相比难度较大,制造精度和对所用材料的要求也较高。而今飞现有工艺装备除检测设备以外,还达不到所需的要求,都需要重新设计制作。

对此,今飞立即组织科技人员进行研究攻关,历经 15 个月,解决了该技术的主要难点,完成试验、设计、试制、测试等工作,做出样品,最终得到市场及客户的认可。

虽然,赛车铝轮制造技术增加了原材料的费用,但却省去了铝材的熔炼与铸造,既减少了能耗,也消除了铝在熔炼过程当中烧损所造成的环境污染问题,故在节能降耗及控制环境污染方面的效果显著。

我们清楚,如果全部进行原始创新对于单个企业而言是比较困难的,重要的一点是开发周期相对漫长。因此,从生产效率的角度出发,企业在坚持原始创新的基础上,也应多选择技术改进。这对于今飞而言,同样如此。今飞技术中心的技术改进工作是日常化的、频繁的。煤气工程应用技术就是其中一个典型代表：铝轮生产中热加工工序多，能耗成本较大。为了适应市场竞争，降低铝轮生产成本，内部挖潜，公司组织多次技术调研分析，最后决定设立煤气应用工程项目替代电能及石油，并首先在铝轮热处理工序实施，取得了很好的成效。

煤气工程应用技术的技术改进使得今飞成为国内首家将煤气工程成功应用于轮毂制造行业的企业。经过几年努力和改进，现在的煤气工程项目已在今飞许多生产过程中发挥着重要作用，应用规模和范围不断扩大。煤气也已成功应用于各种不同热加工工序的加热能源。例如，铝轮连续热处理炉、铝锭连续熔化炉、保温炉、铝合金锭熔炼配置炉、废铝轮熔化再生炉等。据了解，今后，今飞新工厂的建设也将以煤气作为主要加热能源。目前，煤气应用工程也已越来越多地被国内同行所效仿，极大地推动了车轮产业的快速发展。

自主开发与合作开发联合

自主开发主要是开发专用设备，好处是降低了生产成本；合作开发主要是将信息化工具应用到产品设计，好处是提高了生产效率。在今飞的技术中心，自主开发与合作开发得到了很好的联合，共同为企业创造着价值。

我们知道，汽车轮毂制造技术长期被美日等发达国家垄断，国内企业想要参与竞争，门槛很高。今飞积极走"引进—消化吸收—再创新"的路子，对引进的国外技术与设备努力钻研，充分开展逆向工程，自主开发能够达到同等产品质量的专用设备，将生产成本大大降低，成功打入国际市场。

针对目前公司普通的平炉熔化存在的弊端，今飞技术人员自制研发了铝屑回收处理系统,很好地解决连续大量熔化和高产率一直被视为对立的两个问题。

该技术改变了传统的进料方式,从传统的炉口进料变为炉外连通池进料,从而实现了机械化加料,降低了劳动强度。由于炉口无需因进料、搅拌而频繁开启,减少了热量交换,节约了大量能源。它利用保温炉铝水要填充因抽水泵抽走的铝水空间,通过投料室时产生涡流将铝屑卷入铝液中熔化,因铝屑没有和火焰直接接触的机会,大大降低了烧损,回收率达 96％以上。

随着自主研发专用设备大大降低成本后,今飞实现了市场规模的扩大,而同时市场对产品精度的要求也不断提高。因此,今飞还充分借助高效的科研力量,用信息化手段提升产品设计与加工水平。

这在汽车轮毂机械抛光技术上有着很好的体现,汽轮是非规则异形表面,外观非常漂亮,但是形状复杂,加工制作起来相当困难,尤其是抛光外饰加工。对于电镀工艺而言,首先要求的是表面要达到镜面抛光的质量要求,如果产品结构上存在着深沟、拐角等形状,会增加抛光作业的难度。目前,异形面抛光工艺是采用手工的且效率很低,这种形式只适用于单件加工,对于批量的汽轮产品来说,会显得力不从心。为此,今飞借助华中科技大学的科技力量,与其合作开发成功汽车轮毂机械抛光技术。

该技术改变了轮毂传统抛光的相关工艺,在提升企业工艺水平的同时大大改善了工人的工作环境,提高了抛光加工的效率和质量,这对带动国内产业的技术升级具有着较大的意义。

与上下游企业需求紧密配合

今飞是中间零件生产商,能否迅速满足上下游企业对本企业的要求,是企业生存发展的关键。公司充分了解客户想法,挖掘客户需求,通过技术研发满足客户对产品性能、结构、外观等不断更新的需求。

生产高端汽车产品需要与之配套的是轻量化汽车轮毂,但轮毂轻量化对制造技术要求非常高,而实现轮毂轻量化则是轮毂制造企业技术水平的象征,也是国际知名厂商对公司信任并合作的基础。为实现这一跨越,今飞多次派人去了解客户需求,并进行详细分析,最后确定从产品结构设计、材料改性和旋压技术应用三个方面进行钻研,确保实现客户要求的汽车轮毂轻量化。

在产品结构设计方面,最大程度地减轻车轮的重量是车轮结构轻量化的目标。车轮在使用中主要以强度破坏和疲劳破坏为主,因此车轮的疲劳性能是其重要质量指标。今飞投入 200 多万元资金与浙江大学合作,引进《汽轮计算机辅助优化设计和有限元分析》项目。项目研究了汽车铝合金车轮的弯曲疲劳试验和冲击试验,并最终绘制出用于车轮结构疲劳寿命预测的车轮材料 S-N 曲线。

在材料改性方面,公司与郑州大学合作完成铝合金细化剂 Al-Ti-C-Sr 制备技术的研发。同时,公司还与郑州大学合作应用材料领域的技术手段,制备出一种新型 Al-Ti-C-Sr 四元铝合金细化剂和变质剂。

该技术的研发成功使再生资源得到充分回收利用,在车轮生产中节省了大量的铝材资源。而新型合金材料的应用也极大地提高轮毂材料的机械性能和抗腐蚀性能,对减少轮毂铝材用量、降低轮毂重量也具有重要意义,填补了车轮行业应用"纳米材料"技术的空白。

在工艺技术上,今飞投资上千万,从日本引进目前领先的旋压技术和设备,并通过自己进行改造,将旋压技术应用于高精尖的机械电子液压控制系统,通过细化组织材质,提高了材料本身的强度 20%—30%,减轻了材料重量的 10%,从而实现车轮轻量化的目标。

这个事例正是一个缩影,今飞的研发活动,始终与上下游企业保持同步,随时准备为客户提供最合适的配套产品,为企业的战略目标的实现提供了有力保证。

与国内外资源积极整合

在国内,今飞利用技术带头人在该产业领域从事多年研发工作积累的良好的人际资源,与浙江大学、华中科技大学、上海交通大学、郑州大学、浙江工业大学等国内多家高校展开了广泛频繁的研发项目合作。比如,铝合金车轮数字化模拟分析及研究、废铝再生净化技术的研发、中间合金的研发等。这些合作项目开发周期短,成果转化率高,技术水平行业领先,在帮助企业提升行业地位和技术竞争力的同时,更为企业带来了可观的经济效益。

同时,为了进一步紧密企业与研究机构间的联系,将行业的最新研究成果迅速产业化,今飞还申请设立了博士后工作站。该工作站于2008年底审批通过,并制定了《博士后工作站管理规定》、《专业拔尖人才管理办法》等完善的博士后管理制度,开出了丰厚的工作条件吸引高端科研人才驻企工作。目前,公司已与浙江大学联合招收4名博士进站。

在国外,近一两年,中国自主汽车品牌的出口形势良好。在这趋势的影响下,中国汽车企业也开始逐渐向其他国家"输出"汽车技术。今飞正是在这样的一个国际大氛围下积极输出企业的先进技术,结合国外企业的资本优势,建立独立的研发团队。

2007年5月,今飞与印度RICO AUTO INDUSTRY CO.,LT签订了合资协议约定,由双方共同在印度德里地区针对印度市场特点设立了铝合金轮毂研发机构——RICOJINFEI WHEEL R&D。其中RICO AUTO INDUSTRY CO.,LTD以现金、实物等方式出资,今飞则以掌握的成熟、先进的铝合金轮毂制造技术及较强的技术研发能力入股。该项目总投资 5 亿元,建成后年生产轮毂 50 万件,预计实现销售收入 1.8 亿元,一期投资人民币 1 亿元左右。该机构负责按照印度市场要求开发设计轮毂产品以及根据印度市场的实际情况改革、改进轮毂的生产制造工艺,是今飞技术中心在海外设立的首个专门针对当地市场的研发机构。

RICOJINFEI WHEEL R&D 的成立打破了认为"中国是一个大的劳动力输出国"的传统观念,让中国的技术也走进了国际的队伍,引领了中国汽车零部件行业的技术输出的发展。今飞的海外发展新模式,即采用技术入股的合作方式,不仅有利于拓展当地市场,也可以把经营风险降到最低,保证了企业长远健康的发展。

> **企业简介：**
>
> 浙江吉利控股集团始建于 1986 年。1997 年进入汽车行业，多年来专注实业，专注技术创新和人才培养，取得了快速发展。总部设于杭州，在浙江临海、宁波、路桥和兰州、湘潭、济南、成都等地建有汽车整车和动力总成制造基地，在澳大利亚拥有 DSI 自动变速器研发中心和生产厂家。
>
> 吉利集团现资产总值超过 1000 亿元，连续十年进入中国企业 500 强，连续八年进入汽车行业十强，是国家"创新型企业"和"国家汽车整车出口基地企业"。2012 年 7 月，吉利控股集团以总营业收入 233.577 亿美元（约 1500 亿元人民币）进入世界 500 强，成为唯一入围的中国民营汽车企业。

国家级工程立"异"造车

——浙江吉利控股集团战略转型记

2006 年，在车市一片繁荣之时，吉利集团审时度势，实施战略转型，将企业使命从"造老百姓买得起的好车"转变为"造最安全、最环保、最节能的好车"，将产品成本优势转变为技术优势。结果，在 2008 年全球金融危机的情况下实现逆市上扬。之所以取得如此硕果，技术体系创新工程是吉利战略转型成功的基础和支撑。

吉利的技术体系创新工程不仅获得了国家级科学技术进步奖的殊荣，而且开创了适合吉利厂情的独特的自主研发体系，对支撑企业可持续发展、掌控核心技术、振兴民族汽车工业具有重大战略意义。

自始至终、从无到有的体制创新

吉利技术体系创新工程是涵盖技术创新所有方面的有机综合体，创造性地建立了产品自始至终、技术从无到有的全面管理和技术创新体系。在运行机制、管理模式、项目评审机制、人才机制等方面，进行了符合中国国情、适合吉利厂情的创新性实践。

其中的三层运作机制依托国家级企业技术中心平台，构建了包括一个集团技术部、一个研究院和各基地技术部的技术体系三层运作机制。统一战略规划与布局、统一开发能力及建设、统一研发管理模式、统一人才培养及使用，确保吉利产品与核心技术的全程受控和有序产出。

矩阵式管理模式以横向的项目组调配使用纵向的专业科室，从而避免了传统管理模式造成的巨大人力浪费，使每个开发阶段员工工作量都趋近饱和，同时每个项目都有全院各专业领域的技术人员予以支持。同时，通过强化管理、明确职权，克服矩阵管理可能带来的责权不清、效率低下弊端。

全方位项目评审机制明确了项目为一切工作的核心，创立了包括院级评审、专项评审、技术细节评审、专业部门内审、外部公司评分和各级项目协调例会等在内的 360°全方位项目评审机制，及时发现并解决项目进行中的各种问题，确保项目按时保质完成。

多通道人才发展平台确立了管理、技术、项目和技能四条并行的发展通道，为研发人员提供了广阔的发展空间，员工可根据兴趣和能力选择不同的职业发展路线。每条发展通道内均设立了互相对应的级别，可享受相同的待遇，从而可以为企业吸纳、保留更多人才，充分调动员工的积极性。

自主研发、广泛合作的技术突破

吉利技术体系以打造"最安全、最环保、最节能的好车"为己任,秉承"自主研发,广泛合作,掌控核心技术"的研发方针,推行产品平台、"安全第一"和能源多样化战略,实现安全、环保、节能技术的全面创新与突破。

直至 2014 年前,吉利整车 5 大技术平台、15 个产品平台、40 余款车型产品,发动机 6 个技术平台、约 20 款产品,以及变速箱 7 个技术平台、约 14 款产品的战略规划地图已经绘制完毕,清晰的产品战略规划为集团 2015 年实现年产销 200 万辆的宏伟目标提供了战略基石。

战略规划的实现需要创新的技术体做保障。以吉利熊猫的开发为例,2 年前经集团技术部的分析和规划,高瞻远瞩地制定了开发精品经济型轿车的规划,并由研究院对其进行统一研发,考虑到国内消费者对中国文化元素的认可,采用了仿生学设计,以熊猫为造型开发了本款精品经济型轿车,并由生产基地技术部对该车生产进行技术控制和改进,保证了该车顺利上市,并且正好符合目前国家对于小排量经济型轿车的政策,以及消费者购买精品经济型轿车的趋势。

吉利产品战略规划以平台化为突出特点,基于产品平台战略的通用化建设,已成为吉利汽车研究院工作的重中之重。以"隐形设计规则"为设计准则,通过模块化、标准化和少件化设计来实现通用化,在新老车型之间推行沿用件,在不同车型之间推行共用件,全面提高成本通用化率,从而可以有效加强规模效应,减少开发和采购成本,缩短开发周期,同时减少质量问题。

平台战略和通用化作为吉利产品开发的基本理念,也影响和带动了其他体系的建设,采购、生产、质量、备件和服务等各个体系也均以平台战略为基础,从而形成了全方位的平台化运作体系。

吉利构建了整车安全管理系统,从车辆研发初期策划到安全技术开发再到生产环节,从主动安全到被动安全,从防患于未然的底盘电控技术到碰撞后减轻伤害的安全设计与配置,实现全面技术跃升,从而可为司乘人员提供全方位的保护,真正体现出吉利"安全第一"的宗旨。CNCAP碰撞的良好成绩和独创的主动安全 BMBS 技术突出表明了吉利在安全技术领域的突破。

为应对未来汽车动力源可能出现的任何转变,吉利还将能源技术列入优先研发序列,通过推行"能源多样化战略",即优化传统动力总成,采用代用燃料技术,推进混合动力与纯电动车技术,以及采用轻量化技术等多管齐下,确保"节能环保"指标的实现。

自给自足、节油降耗的动力开发

作为国内唯一一家完全实现动力总成自给的自主品牌车企,吉利在动力总成研发中一直不遗余力,业已量产的 4G18CVVT 汽油机和 4AT 变速器是吉利动力总成技术的优秀成果。目前,从 1.0L 到 3.5L 全系列全新汽油机都在开发中,这些机型将普遍采用诸如双 CVVT 技术、全铝缸体缸盖、塑料进气歧管和双质量飞轮等先进技术;采用高压共轨、废气再循环及可变涡轮增压技术,可直接满足欧 V 排放法规的 2.0L 柴油机也在开发中;同时,使用代用燃料 CNG(压缩天然气)、LPG(液化石油气)、甲醇等的技术都已开发完毕。在新能源技术方面,包括轻混(起步/停机)、中混、重混和 Plug-in 等多种混合动力技术方案均在积极推进中,特别是吉利独特的超级混合动力方案,即电子等平衡技术(EEBS),节能减排效果更佳,与同排量汽车比较,城市路况节油可达到 35% 以上;同时,基于熊猫平台的吉利第一代纯电动车于 2009 年正式上市,第二代高性能纯电动车的开发工作进展顺利;此外,吉利还特别重视汽车"瘦身"工程,在行业内倡导成立了汽车轻量化技术创新战略联盟,充分整合产学研三方力量,在车身、零部件(如全铝发动机)轻量化方面实现突破。此外,在 EPS 电子助力转向技术和 CAN 总线平台开发等方面,吉利也已取得突破。

通过集团技术部设立的新技术应用合作室,搜集、跟踪、鉴别和引进国内外各种新技术信息,加强与国内外各大高校和科研机构的合作,充分利用其科研人才、软硬件设备等资源,吉利汽车研究院研发能力得到了重要补充。利用自身在整车和零部件生产能力上的优势,吉利推动了汽车新技术和科研成果的产业化。

立足培养、加强引进的文化建设

除了技术上为创新添砖加瓦,吉利的文化建设也不落人后。公司认为,文化建设创新的核心在于人才。吉利集团本着"立足培养、加强引进"的指导原则,创造性地建立了完备的人才培育体系,以自办教育为突出特色,建立了从初级到高级、多学科、全方位完善的教育体系。同时,在知识积累与分享、员工培训等方面也有创新性举措。

吉利先后投资数亿元建立了北京吉利大学、海南大学三亚学院、浙江汽车职业技术学院;2007 年又创办了中国第一所民办研究生院——浙江汽车工程学院,邀请了众多国内外知名专家、学者前来授课,重点培养汽车研发、营销、管理等领域的高层次人才,目前已有硕士、博士学员共 402 人;同时,以此为基础开办了经销商总经理和供应商总经理研修班。浙江汽车工程学院的成立,被《中国汽车报》评为《2007 中国汽车人才十大新闻》,标志着吉利已经建立了从初级到高级、多学科、全方位完善的教育体系。吉利独特的教育体系不仅为自己,也为行业输送了大量人才。

知识积累是构建"百年老店"的重要基础,是自主开发能力持续提高的可靠保证。以内部网络为基础建立的知识管理系统(KMS)成为员工学习、交流和从事技术管理的便捷平台;以"人人是老师,人人是学生"为宗旨的知识分享系列讲座成为研究院的品牌栏目,每周固定一期,免费为员工"充电";以全面积累为原则编制了《技术手册》、《科技论文集》、《标准化汇编》等各类技术文献,为企业留下了宝贵的知识财富。

除正规的岗位培训和扩展训练等,还专门成立了汽车工程师俱乐部,开办了英语角,以培养员工的专业兴趣,提升员工的知识水平和工作能力。

利于自身、带动行业的正面效应

通过技术体系创新工程建设,吉利形成了初具规模的研发团队,完善了产品开发流程和管理模式,积累了宝贵的知识、技术和经验,具备了基本的正向开发能力。吉利由此具备了自主研发的"造血"功能,能够独立而持续地完成产品开发与核心技术突破,企业核心竞争力显著提高。

同时,吉利技术体系创新工程建设还带动了自主品牌技术水平的全面提升,具有行业辐射效应和扩展影响。吉利技术体系创新工程建设及其产出,全面提升了自主品牌的技术水平。例如自主研发的BMBS技术,作为世界领先的原创安全技术,提高了我国自主品牌汽车的国际形象和竞争力。又如自动变速器的产业化,打破了国外企业对我国的技术封锁和市场垄断。吉利的新技术和新产品带动了零部件配套厂商等的技术进步、结构调整及产业升级,吉利产品品质的提升促进了供应商和经销商等共同提高。与吉利合作的高等院校和科研院所也在产学研结合的创新机制下发挥了重要作用。

不仅如此,技术体系创新工程还使吉利独特的自主研发之路在业内起到了示范作用,不仅吸引了一汽、二汽、哈飞等国内重要汽车企业、机构前来学习交流,而且还多次应邀参加各种高规格交流活动,宣讲及介绍吉利创新经验,带动了中国汽车行业的整体技术水平的提高和创新模式的革命,特别是成为自主品牌独立发展和形成自身研发能力的有益借鉴。此外,通过电子电器技术、轻量化技术和环保材料技术等的广泛应用,对电子、钢铁、铝等产业也起到了带动作用。

此外,吉利技术体系创新工程建设及战略转型的成功经验还对全国各行业抵御金融危机具有借鉴意义。吉利逆市上扬的成功经验得到充分认可和重视,国务院温家宝总理,李克强、张德江副总理分别做出了"吉利经验要宣传"和"对吉利等在抗击国际金融危机冲击中有作为的企业进行宣传"的重要批示。中央及省市各级媒体的广泛报道和宣传,促进了吉利经验的传播。为全国各行各业树立坚定信心、战胜金融风暴,提供了有益示范和宝贵借鉴。

企业简介：

　　浙江海正药业股份有限公司（以下简称"海正药业"）创建于1956年，为国有企业、独立法人单位。

　　2000年7月"海正药业"A股发行上市，目前仍为国有控股企业。海正药业专注于医药制造领域，主要生产化学原料药、化学中间体、医药制剂等，形成了一批主导产品。作为全国医药行业自主创新、全球发展和社会责任的典范，公司先后荣获"浙江省科技创新示范企业"、高新技术企业、国家首批"创新型企业"、"技术创新示范企业"、"国家知识产权试点企业"、"全国五一劳动奖状"和"药品出口示范基地"称号。2012年，在全国化学制药行业被评为"出口型企业品牌十强"、"创新型企业品牌十强"。

"制药强企"的"三最"支撑

——浙江海正药业股份有限公司专注三大体系建设

　　经过50多年的打造，海正已经形成了临床前药物开发和产业化体系。为了全面提升海正的自主创新能力，海正技术中心根据其特点将工作核心专注在新药创制平台体系、新药集成开发体系和新药支撑服务体系等三大体系建设，做到整体高效、无缝链接，全面提升海正的自主创新能力，为我国制药业从"制药大国"向"制药强国"的发展迈出了重要的一步。

最高端的平台

　　新药创制平台体系主要将已设立的微生物药物研究所、合成药物研究所、制剂研究所、生物技术研究所、生物催化研究所、天然药物研究所等8研究所的基础上,形成纵向新药创制链,包括从新药发现、成药性评价、微生物药物研发、合成药物研发、酶工程与生物催化研究、生物技术药物、药物制剂、药物杂质研究、优化与中试和产业化关键技术等10大技术平台。

2012年9月13日,海正辉瑞制药有限公司正式启动,这是世界最大的跨国公司辉瑞,在中国医药企业投资的最大合资项目;也是在浙江投资最大的中外合资项目,同时也是辉瑞在海外合资中首家由中方控股的合资公司。

公司在原来合作的基础上新增了与北京大学共建"QbD联合实验室";与军事医学科学院共建了中试基地;与中科院微生物研究所共建了生物药物研究联合实验室;与浙江大学共建了浙江省抗真菌药物重点实验室;与华东理工大学合作成立"华东理工大学海正研究院";与中山大学联合建立药物筛选技术平台和"药物分子设计实验室";与中南大学建立了药物分子设计协作平台;与温州医学院共建了浙江省生物技术药物重点实验室;与浙江大学附属医院、浙医二院签订"产学研"战略合作协议;与浙江省肿瘤医院建立战略合作联盟关系。

在国际上,与美国普渡、哈佛、日本东京、巴西圣保罗、德国海得堡等10多所知名大学开展合作研究,并承担或参与国家技术创新联盟7个,有6个项目被列入"三重",2个项目被列入"国家战略性新兴产业化项目",4个项目被列为国家重大新创制专项。以战略合作为载体,以项目为纽带,多兵团联合作战,有效整合科技资源,深度融合产、学、研机制,最大限度地优化了科技力量,加快推进了科技创新的步伐和科技成果的转化。一个多层次、全方位有机整合的科技创新机制正在海正发酵、合成、裂变、释放出正能量。

最领先的技术

药集成开发体系是主要针对不同疾病药物研发的特点和市场需求，把握国际药物创新的发展趋势，发展关键技术和研发策略，提高出新药的效率。重点开发抗肿瘤药、心血管药、抗感染、减肥、糖尿病、免疫抑制剂、老年痴呆症等 7 种疾病的新药。

海正药业集成微生物与合成的技术优势，已完全掌握了这项技术，并得到了很好的应用。如在 A8 项目中应用了生物催化技术，所有产品光学纯度达 99％以上，生产成本降低 30％，节能减排 30％。公司还具备国内先进的微生物菌种改良技术，拥有先进的菌种选育技术及现代的菌种分子改良技术。

此外，在微生物发酵、纯化工艺技术方面，海正目前已经将新型的生物传感技术、计算机全自动控制技术、先进的尾气在线分析系统等应用到工业化生产之中。同时，在广泛应用高压制备色谱、大孔树脂层析分离、双水相分离、低温浓缩以及原位分离等技术的基础上，海正药业建立了超滤膜、陶瓷膜、纳滤膜等完整的膜分离系统，在国内率先开发应用了800mm 直径的大规模色谱分离技术，不仅大幅度降低了生产成本，而且大量减少了有机物的环境污染，对绿色生产具有重大意义。

不仅如此，海正药业还具备国内领先的适应各种条件的高压氢化技术，可适应不同条件的氢化反应，并能保证其安全运行，成为海正特色技术。应用这项技术已成功地开发依维菌素、奥利司他、氟苷、吡喹酮、米格列醇、伏格列波糖、米诺环素、替加环素等。

拥有先进的杂质初步鉴定技术、杂质制备液相分离技术、杂质结构确证技术、杂质合成技术，海正药业能够对各类化学药品中微量杂质的结构分析、对微量杂质的分离和合成、杂质的制备，初步药理毒理测试。先后完成了普伐他汀、长春瑞滨、辛伐他汀、洛伐他汀、伊维菌素等几十个产品的杂质研究，并为国际注册提供了杂质实样，都满足了美国 FDA 和欧盟 COS 对杂质的要求。得到了一些市场上稀缺的杂质对照品，如辛伐他汀杂质 D、洛伐他汀杂质 D 等。从而进一步提高了我们产品在国际市场上的档次；取得未经文献报道的新的化合物，如去羟基依达比星、洛伐他汀杂质 E、4-去甲氧基长春瑞滨等。

最强劲的支撑

新药支撑服务体系主要根据国际大制药公司的科研管理模式，建立服务于"新药综合创新平台"的产品与项目管理体系、菌种保藏鉴定体系、QEHS 控制体系、QbD 体系、信息情报管理体系、药证注册管理体系、知识产权管理体系、仪器分析管理体系等 8 大服务体系，进一步从整体上提高新药研发效率。

在资金运用方面，技术中心做到独立建账，以便能够非常清晰地了解科研资金的投入和使用情况。在资源冲突的情况下，首先保证重点研发项目的正常开展，合理利用人、财、物、信息、技术与资源系统。另外，利用电子化 ERP 管理系统，通过资源共享，科研人员可以有效地调配所需资源，提高了研发效率并减少了资源浪费。此外，对国拨资金实施专款专用。事先有预算，事后有决算。

在项目管理体制上，技术中心建有专家委员会和技术委员会，负责对中心的技术指导。内部设有合成药、微生物药物、生物技术药物和药物制剂、酶工程、天然化合物等 8 大领域研究所和四大中试车间。此外，中心还设置了行政、情报信息、维修保养等配套职能部门。技术中心启动了"研发项目管理"改革，构建了"大研发"体系。

在海正技术中心的组织架构下，项目管理建设根据终端市场信息、专利信息、目前进度、国内外注册情况以及技术优势,对在研的项目进行了分类排序、梯队整理,并确定重点项目。建立项目经理制度作为核心的项目管理制度,保证科研项目的顺利进行。同时,启动项目质询和协调会议机制、建立项目管理制度,逐步规范"三项管理",即以细化里程碑为标志的进度管理、以预算跟踪为手段的资源管理、以"质量门"与成本目标设置为门槛的质量管理。研发项目管理启动了项目质询和协调。项目管理实行专业内招标,根据项目情况,可动态聘任项目经理、项目总监、项目总经理直至项目副总裁。项目经理可同管多个项目,项目总经理可跨多个技术领域,项目副总裁可跨多技术领域、多职能领域和多区域。根据项目的重要性、进度以及关键技术人员的配备对项目进行分阶段、分课题的调剂,保证项目的有序开展。

自《技术人员(技术族)考核与激励办法》实施以来,项目周期评审工作在中研院逐步实现了例行化,按照考核节点的时间,于里程碑结束后的次月月初组织项目评审,以期初制定的考核节点逐项进行跟踪考核以及结果进行评估,并根据项目各阶段情况组织相关部门参与评审以评估项目完成情况,已初步显现考核目标的导向性。实现"人人肩上有指标,人人工作有目标,人人收入靠绩效"的良性循环,提高了科技人员的积极性。

为保守企业的商业秘密,保证企业生产的正常进行,结合公司的实际情况及知识产权保护制度,海正药业还制定了《浙江海正药业股份有限公司商业秘密保护制度》。

技术中心设立了知识产权部。专利管理工作人员 16 人,其中专职 6 人。在国内拥有专业的法律机构,在美国、英国、德国、法国聘请了专业律师事务所,为海正的专利保护提供了强有力的法律保障。另外,公司拥有一批国内外的专利方面的专家为海正提供专利服务,结合国内外的专业法律机构,构成了海正知识产权保护网络。

在产品立项及研发前,利用公司的数据库资源,进行专利文献检索,提高研发起点,避免了低水平的重复或者侵犯他人的专利权;在技术引进及专利许可前,对其法律状态进行检索,避免了不必要的损失或者侵犯了他人专利权。在产品获得专利后,对其进行专利维护。防止其他公司侵犯我单位的专利权。强化专利创新功能,强化专利运用功能,强化专利保护功能和强化专利管理功能。

目前,专利申请已经覆盖的国家和地区包括美国、欧洲、澳大利亚、日本等。专利申请内容涉及创新化合物、化合物新晶型、合成新工艺、新用途、新药物组合物等多个方面。2012 年,申报发明专利共计 35 项,截至2012 年,已有 125 项专利获得授权证书,其中国际专利 PCT 申请 36 项,涉及化合物专利 5 项,制剂相关专利 26 项。知识产权申请的类型有变化,增加了实用新型专利申请,2012 年上半年开始有了第一项著作权申请。

商标管理以商标查询为重点,申请、注册、续展,组织进行商标称号的认证评选,以及商标档案等有序管理。积极提出商标异议,充分维护海正的商标权益。已累计申请商标 123 件,其中 97 件已获准注册。"HISUN"商标已在马德里协定国和议定国共 78 个成员国登记注册。2009 年 5 月,"海正"、"HISUN"被认定为中国驰名商标。知识产权和商标注册的维护从国内延伸到国际,从发明专利延伸到化合物专利,为海正在技术市场树立了"产品领先和技术产业化"的品牌。

国内外知识产权法规的修订和变化,增加了知识产权工作的挑战性。也迫使部门人员不断学习法规和更新知识,很快地调整并适应工作。海正药业已建立专利电子申请注册平台,改变了传统的纸件专利申请,快速高效且方便,提高了工作效率。专利实施率达到 90% 以上,大部分专利都转化成了生产力。

2010 年海正药业被认定为"第四批全国企事业知识产权试点单位"，2012 年以试点优秀单位通过考核验收。2012 年，海正药业被纳入国家知识产权管理标准试点单位。